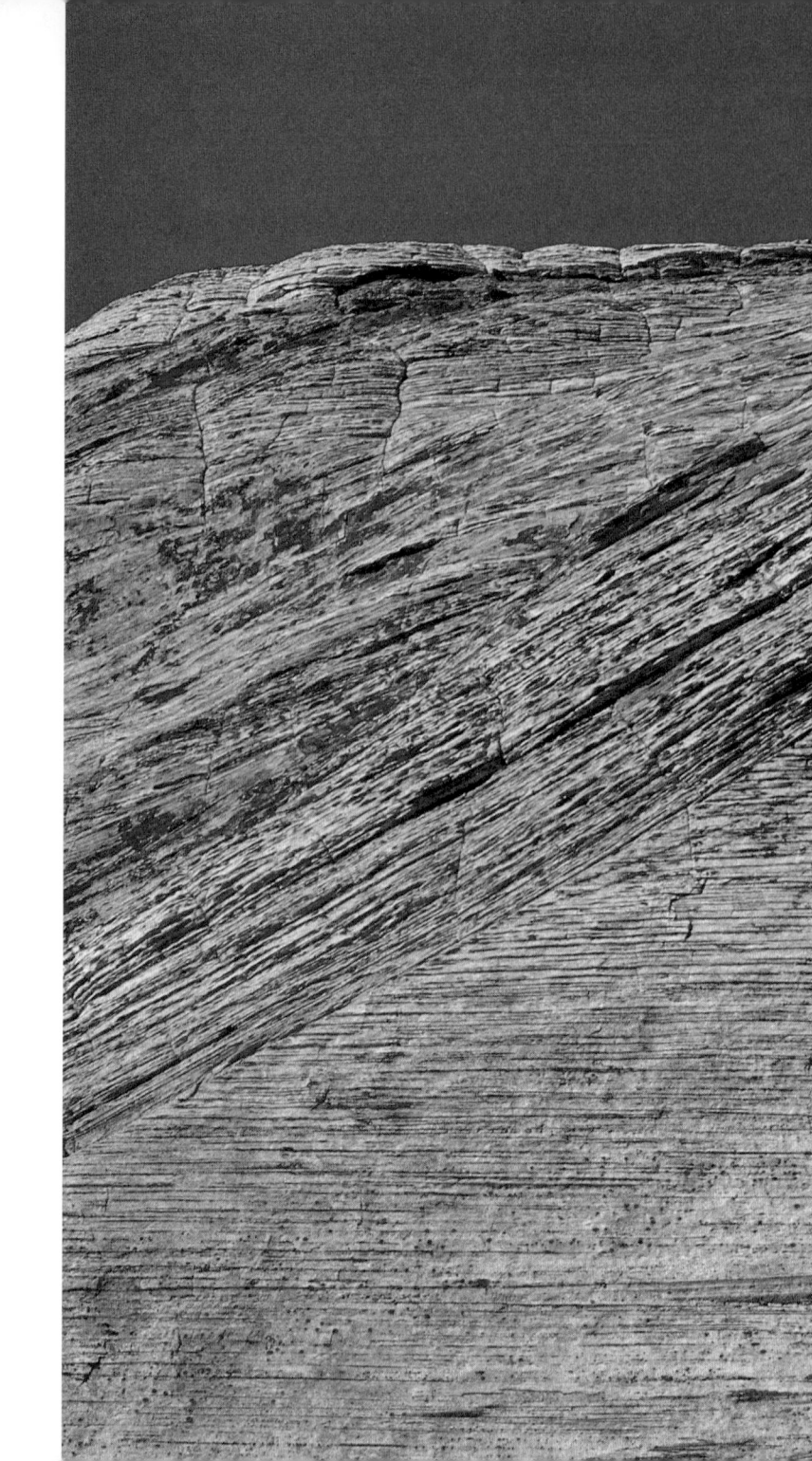

Stefan Glowacz
Wolfgang Pohl

Richtig Freiklettern

Mit Fotos von Uli Wiesmeier
und Ralph Wagner

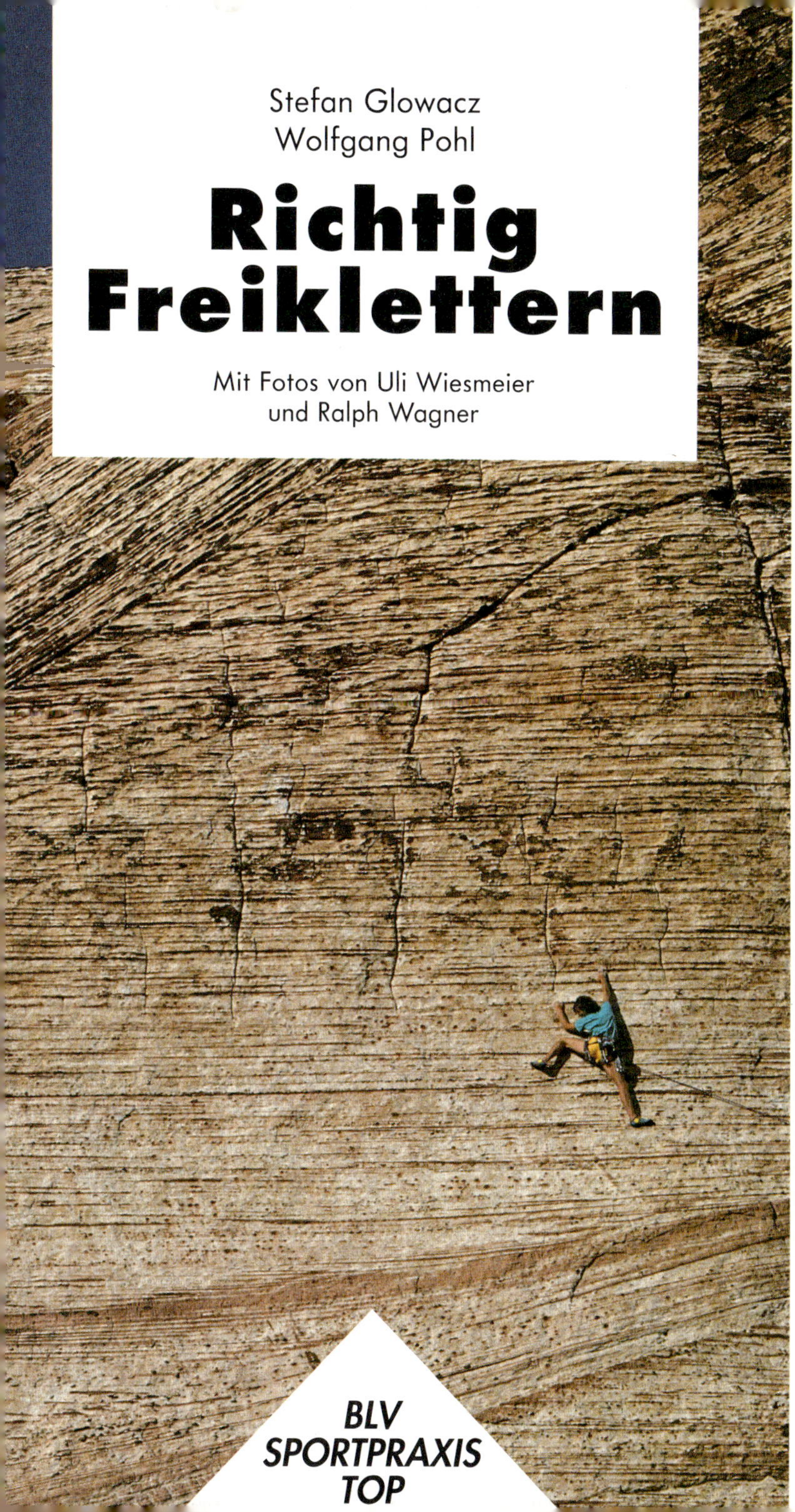

BLV
SPORTPRAXIS
TOP

BLV

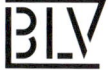

Die Deutsche Bibliothek –
CIP-Einheitsaufnahme

Richtig Freiklettern / Stefan Glowacz;
Wolfgang Pohl. – 2., durchges. Aufl. –
München; Wien; Zürich: BLV, 1992
    (BLV Sportpraxis Top)
    ISBN 3-405-14409-4
NE: Glowacz, Stefan; Pohl, Wolfgang

Bildnachweis
Thomas Ballenberger S. 117
Wolfgang Pohl S. 4 (li.), 127
Armin Priller S. 4 (re.)
Ralph Wagner S. 25 (7×), 26 (3×), 27 (5×),
28 (6×), 29 (7×), 35 (6×), 36 (6×), 37 (5×),
38 (5×), 55 (u.), 72 (2×), 73, 74 (2×), 75, 78
(2×), 79, 81 (2×), 83 (3×), 84, 88, 89 (4×),
90 (4×), 91 (u.), 105 (2×)
Uli Wiesmeier S. 2/3, 6, 8, 9, 10, 11, 13, 17,
18, 27 (o.), 31, 42, 45, 50, 51, 53, 54, 55 (o.),
56, 57 (2×), 58, 59, 60, 61, 62 (2×), 63, 66,
68, 69, 76, 77, 82, 85, 87, 91 (u.), 99, 100,
101, 103, 104, 107, 109, 110/111, 113,
114/115, 116, 118/119, 120/121, 123, 125
Grafik: Hellmut Hoffmann
Umschlagfotos: Uli Wiesmeier
Umschlaggestaltung:
F&H Werbeagentur GmbH, München

BLV Verlagsgesellschaft mbH
München Wien Zürich
München 40

BLV Sportpraxis Top

Zweite, durchgesehene Auflage

© BLV Verlagsgesellschaft mbH 1992

Satz und Druck: Appl, Wemding

Bindung: Conzella, Urban Meister, München

Printed in Germany · ISBN 3-405-14409-4

Stefan Glowacz,
Jahrgang 1965, ge-
lernter Werkzeugma-
cher, ist seit einigen
Jahren erfolgreicher
Kletterprofi. Er ist
Erstbegeher von Rou-
ten der höchsten
Schwierigkeitsgrade
und ist heute auf-
grund seiner Erfolge
einer der besten Frei-
kletterer der Welt.
1985 war er Sieger
von »Sport Roccia«,
1986 belegte er den
dritten Platz bei den
Schnellklettermeister-
schaften in Rußland,
und 1987 siegte er
beim »Grand Prix de
France«. In den Jah-
ren 1987 und 1988
gewann er beide
»Rock Master« bei
Arco am Gardasee.

Wolfgang Pohl,
Jahrgang 1961, ist Di-
plom-Sportlehrer und
staatlich geprüfter
Berg- und Skiführer
sowie staatlich ge-
prüfter Skilehrer und
Skilanglauflehrer. Er
ist ebenfalls begei-
sterter Freikletterer
und Begeher vieler
namhafter Routen in
den Alpenwänden.
Aufgrund seiner
Kenntnisse und Erfah-
rungen in der Trai-
ningslehre für das
Freiklettern stellt er
mit Erfolg das Trai-
ningsprogramm von
Stefan Glowacz auf.

Inhalt

Desert Gold, 5.13a 1.Begehung. Red Rocks, USA

Vorwort

Wir können uns noch gut daran erinnern, wie wir mit dem Klettern begonnen haben. Wir waren gierig nach jeder Information, nach jedem Tip, der uns half, unsere Leistung zu steigern. In dieser Zeit trainierten wir ohne jegliche Grundlagen, testeten jede unserer »Trainingsmethoden« am eigenen Leib und waren oftmals nahe daran, schwere Verletzungen davonzutragen.

Wir sind leider älter geworden, aber Gott sei Dank auch ein bißchen schlauer. Wir haben aus unseren und aus den Fehlern anderer gelernt. Heute wissen wir wesentlich mehr über das Klettern, doch sind wir noch lange nicht hinter jedes Geheimnis gekommen. Der Klettersport ist in der Aufzeichnung von Erfahrungen noch im Entwicklungsstadium, und darum kann dieses Buch auch nur eine Stufe auf dieser Entwicklungsleiter sein. Wir glauben jedoch, daß die Erfahrungen, die wir in den letzten Jahren gesammelt haben, den neuesten Stand aufzeigen und nicht nur uns, sondern vor allem den Anfängern von Nutzen sein können. Wir haben viel nachgedacht, haben unsere Vorstellungen in den Bereichen Training, Ausrüstung und Sicherheit mit anderen kompetenten Fachleuten besprochen und möchten diese Erfahrungen in diesem Buch weitergeben.

Auf der Suche nach immer ausgefalleneren Sportarten kommt man natürlich nicht am Klettersport vorbei.

Doch auch wenn es auf den ersten Blick halsbrecherisch und verrückt aussieht, wenn ein Kletterer Hunderte von Metern über dem Abgrund hängt, so ist es nur eine Frage der richtigen Anleitung und Einführung, bis man eines Tages ganz selbstverständlich schwierigste Schlüsselstellen in ausgesetzten Wandpartien meistert. Der Weg dahin ist natürlich steil und anstrengend. Doch im Gegensatz zu vielen anderen Sportarten erzielt man beim Freiklettern sehr schnell die ersten Erfolge.

Nachdem in den letzten Jahren der Klettersport einen enormen Aufschwung erlebt hat und von immer mehr Menschen ausgeübt wird, treten natürlich auch neue Probleme auf. Wir sind beim Klettern auf die Natur angewiesen, der Fels ist unsere Arena. Sie zu erhalten, ist auch uns ein besonderes Anliegen, und deshalb soll ein Kapitel in diesem Buch auf diesem Gebiet dringend notwendige Aufklärungsarbeit leisten.

Es soll ein Buch sein, das auch für den Anfänger leicht und ohne Lexikon zu verstehen ist. Ein Buch für Einsteiger, aber auch ein Nachschlagewerk für den leistungsorientierten Freikletterer.

Stefan Glowacz
Wolfgang Pohl

Die Entstehung des Freikletterns

Keine Angst, Sie werden in diesem Kapitel nicht mit trockenen Jahreszahlen und historischen Ereignissen konfrontiert. Der Klettersport hat jedoch besonders in den letzten Jahren entscheidende Neuerungen erfahren, die auch für den Einsteiger interessant und von Bedeutung sein können. Freiklettern hat bereits, was wenige

wissen, eine über 100jährige Tradition. Der Ursprung liegt im Elbsandsteingebirge bei Dresden, und schon damals kletterten die sächsischen Pioniere aus rein sportlicher Motivation. Für sie war nicht entscheidend, die unzähligen Gipfel der Sächsischen Schweiz zu erobern, im Vordergrund stand die Art und Weise, wie eine Route eröffnet wurde. Auch die Kletterer aus England blicken auf eine ähnlich lange Tradition zurück und waren maßgeblich an der Entwicklung des Freikletterns beteiligt. Aus der damaligen Zeit haben sich die Grundregeln überliefert, die auch heute noch das moderne Freiklettern definieren:

> Zur Fortbewegung dient allein die natürliche Struktur der Felsoberfläche. Haken, Seil und Karabiner dienen nur zur Sicherheit im Falle eines Sturzes.

Interessant ist die Tatsache, daß sich diese Ethik nicht direkt auf unsere westeuropäischen Klettergebiete übertragen hat, sondern erst über den Umweg Amerika zurück nach Europa fand.

Ende der fünfziger bis Anfang der siebziger Jahre blühte in Westeuropa die Zeit des Eroberungsalpinismus. Der Bohrhaken zur Fortbewegung beherrschte die Kletterszene. Zur gleichen Zeit wurde in Amerika der von Fritz Wiessner aus dem Elbsandsteingebirge eingeführte Freiklettergedanke aufgegriffen und weiterverfolgt, was zu einer explosionsartigen Leistungssteigerung führte.

Kletterer zur Zeit des Eroberungsalpinismus

Wettkämpfe dokumentieren heute die Entwicklung des Freikletterns zum Hochleistungssport

Erst Mitte der siebziger Jahre setzte sich das Freiklettern auch in Europa durch, nachdem junge europäische Kletterer, beeindruckt von der amerikanischen Szene, die Gedanken dieser Freikletterethik übernahmen. Kurt Albert zählte zu dieser Generation. Er malte an jeden Einstieg der Routen in der Fränkischen Schweiz, die er frei klettern konnte, einen roten Punkt. Der *Rotpunkt*-Begriff war somit geboren und bürgerte sich als Regeldefinition in den allgemeinen Sprachgebrauch der Kletterer ein.

Heute hat sich das Freiklettern zu einem Hochleistungssport entwickelt. Profitum und Wettkämpfe sind daraus nicht mehr wegzudenken. Immer höher werden die Schwierigkeiten getrieben. Wände, die gestern noch als unmöglich galten, zeigen heute den letzten Stand der Freikletterentwicklung auf. Doch nicht nur an Felsen von 20 oder 30 m Höhe konzentrieren sich diese Schwierigkeiten. Auch im Gebirge an 500 oder sogar 1000 m hohen Wänden gibt es bereits Routen im neunten und neuerdings sogar zehnten Schwierigkeitsgrad. Ein Ende ist nicht abzusehen. Klettern ist ein Sport, der auch für die Zukunft noch ungeahnte Möglichkeiten bietet.

9

Körperliche Voraussetzungen gewinnen im oberen Schwierigkeitsbereich zunehmend Bedeutung

Voraussetzungen

Im Gegensatz zur allgemeinen Auffassung müssen für das Freiklettern keine grundsätzlichen Voraussetzungen erfüllt werden. Wer körperlich gesund und auch nur halbwegs sportlich ambitioniert ist, kann Freiklettern lernen.

Es muß ja nicht jeder Anfänger das Ziel haben, den zehnten Schwierigkeitsgrad zu erreichen. Klettern soll vor allem Spaß machen. Spaß an den Bewegungen, Freude über eine bewältigte Wandstelle und an der Natur sind unabhängig von Schwierigkeitsgraden. Es ist das Schöne an dieser Sportart, daß man nicht erst Wochen und Monate einen bestimmten Bewegungsablauf einstudieren muß, wie beispielsweise im Tennis oder Golf, um dann erst mit dem eigentlichen Spiel beginnen zu können.

Körperliche Voraussetzungen

Gibt es einen idealen Kletterer? Freiklettern ist ein Sport, der Wettkampf ausgenommen, bei dem die Natur die Vorgaben macht. Schon allein die vielen verschiedenen Gesteinsarten wie Kalk, Granit oder Sandstein, um nur die wichtigsten zu nennen, erfordern immer wieder verschiedene Techniken und stellen den Kletterer auch immer wieder vor ein neues Problem. Dicke Finger können eine hervorragende Klemmwirkung in einem Granitriß bewirken, das entscheidende Fingerloch im Kalk dagegen treibt den gleichen Kletterer zur Verzweiflung, wenn er kurz vor dem unausweichlichen Sturz feststellt, daß seine Finger dafür eine Nummer zu groß sind.
Das gleiche gilt für die Körpergröße.

Einerseits kann ein Zweimetermann entscheidende Vorteile bei der Überwindung einer griffarmen Wandstelle haben, ein kleinerer Kletterer dagegen bei der Bewältigung eines abdrängenden Überhanges.
Trotzdem hat sich ein Idealbild des Freikletterers für den oberen Schwierigkeitsbereich herauskristallisiert: ein Kompromiß in den Körpermaßen mit dem richtigen Verhältnis aus Gewicht und Körperkraft.

Talent

Bei der Frage des Talents gehen die Meinungen auseinander. Manche Wissenschaftler behaupten sogar, je-

Bewegungstalent ist schon bei Kleinkindern feststellbar

11

den beliebigen Hochleistungssportler züchten zu können, ohne daß bestimmte Fähigkeiten schon bei Geburt optimal ausgeprägt sind.

Wir gehen jedoch davon aus, daß beim Freiklettern das Talent sehr wohl eine Rolle spielt, denn nur bis zu einem gewissen Grad ist alles erlernbar. Doch ist nicht nur ein bestimmtes Talent gefordert, sondern Talente in verschiedenen Bereichen. Ein ausgeprägtes Bewegungstalent ist sehr wichtig, um den Körper automatisch die richtigen Bewegungen ausführen zu lassen. Doch genauso entscheidend ist die schnelle Wahrnehmungs- und Koordinationsfähigkeit. Es gibt keine Routen auf der Welt, bei denen identische Bewegungsabläufe auftreten. Jede Route stellt den Kletterer vor eine neue Aufgabe. So ist es sehr wichtig, auch in Grenzsituationen, d.h. wenn die Kräfte langsam nachlassen, immer noch schnell Bewegungsabläufe vorauszudenken, um sie dann mit dem Körper richtig umsetzen zu können. Wie gesagt, bis zu einer gewissen Stufe ist alles erlernbar, und vielleicht entdeckt der eine oder andere beim Klettern Talente an sich, von denen er vorher gar nichts wußte.

Einstellung zum Freiklettern

Klettern, als Disziplin des Bergsteigens, wurde immer schon als sportliche Betätigung eingestuft. Dieser sportliche Charakter wurde durch den Freiklettergedanken noch mehr unterstrichen.

Bis vor wenigen Jahren hat man das Klettern, geprägt durch die Zeit des Eroberungsalpinismus, sehr oft mit dem Begriff Abenteuer umschrieben. Nachdem sich der Freiklettersport immer mehr auf die Mittelgebirge konzentrierte, erfolgte eine Leistungsexplosion mit der letzten Konsequenz des sportlichen Gedankens, den Wettkämpfen. Noch bevor die ersten Wettkämpfe ausgetragen wurden, drohten die Felsen auf der Suche nach leistungsvergleichenden Maßstäben zum Turngerät degradiert zu werden.

Wir stellten in den letzten Jahren fest, daß es vielen jungen Kletterern nicht mehr darum geht, eine ästhetische und logische Route zu verfolgen und dabei die perfekte Beherrschung eines bestimmten Schwierigkeitsgrades anzustreben, sondern das Einüben möglichst schwieriger Routen, die teilweise weit über dem Leistungsniveau liegen, im Vordergrund steht.

Durch die Verlagerung der Wettkämpfe an künstliche Wände und in die Hallen sehen wir die einzige Möglichkeit, daß der traditionelle Freiklettersport in der Natur seine Ursprünglichkeit bewahrt.

Freiklettern ist eine Natursportart, und mit dieser Einstellung sollte sie auch trotz aller sportlichen Ambitionen betrieben werden. Wer im Freiklettern nur eine sportliche Betätigung sieht und die Natur nur als Nebensächlichkeit betrachtet, der sollte sich überlegen, ob er nicht an einer künstlichen Wand in einer Turnhalle bessere Voraussetzungen vorfinden kann.

Training

Dieses Kapitel hat uns einiges Kopfzerbrechen bereitet. Wie kann man wichtige Zusammenhänge aus der Trainingslehre beschreiben und Anleitungen zum Training beim Freiklettern geben und dabei auf umständliches Fachchinesisch verzichten? Wir haben versucht, uns einfach auszudrücken und uns auf das Wesentliche zu beschränken, doch erfordert natürlich gerade das Training einige Grundlagenkenntnisse, ohne die man nicht auskommt, die aber auf den ersten Blick nicht gerade leicht zu verstehen sind. Trotzdem hoffen wir, mit diesem zentralen Kapitel, jedem Freikletterer, ob Anfänger oder Fortgeschrittener, der nicht zufällig auch Sportstudent ist, das notwendige Wissen für ein effektives Training zu vermitteln. Im Vordergrund stand dabei auch die Vermeidung des Verletzungsrisikos beim Klettertraining.

Allgemeine Grundlagen

Um der falschen Vorstellung entgegenzuwirken, Klettertraining bestehe nur aus einer Verbesserung der Kraft, wollen wir den Begriff Training zunächst genauer definieren:

> Training ist ein planmäßiger Prozeß zur Verbesserung oder Erhaltung bzw. Reduzierung der komplexen sportlichen Leistungsfähigkeit.

Klettertraining besteht nicht nur aus Krafttraining am Kletterbalken

Sportliche Leistungsfähigkeit

Was ist nun unter dem Begriff der komplexen sportlichen Leistungsfähigkeit genau zu verstehen? Eine Antwort auf diese Frage soll uns folgende Abbildung geben, die jene *Faktoren der sportlichen Leistungsfähigkeit* beim Freiklettern darstellt, die durch ein Training *verändert* werden können: Auf das Training dieser einzelnen Faktoren, speziell auf die Bedürfnisse des Freikletterers abgestimmt, soll in den entsprechenden Kapiteln eingegangen werden.

Nun war aber nicht nur von einer *Verbesserung,* sondern auch von einer *Erhaltung* und sogar von einer *Reduzierung* der sportlichen Leistungsfähigkeit die Rede. Dies wird verständlich, wenn man bedenkt, daß es innerhalb eines Trainingsjahres auch Abschnitte gibt, die der Erholung dienen und in denen man sich anderen Sportarten wie z. B. dem alpinen Skilauf zuwendet. In diesen Abschnitten hat ein leichteres Taining den Sinn, die Leistungsfähigkeit zu erhalten bzw. zu stabilisieren. An eine Reduzierung der Leistungsfähigkeit durch ein gezieltes Training schließlich müssen jene denken, die für längere Zeit im Hochleistungsbereich geklettert sind und gesundheitliche Schäden vermeiden wollen, die ein abruptes Abbrechen eines Hochleistungstrainings verursachen würden.

Die biologische Anpassung

Bei der Verbesserung der Leistungsfähigkeit beim Freiklettern hat das Konditionstraining eine zentrale Bedeutung. Ein grundlegendes Verständnis der dabei auftretenden biologischen Vorgänge ist für den effektiven Aufbau jedes Klettertrainings notwendig.

Faktoren der sportlichen Leistungsfähigkeit

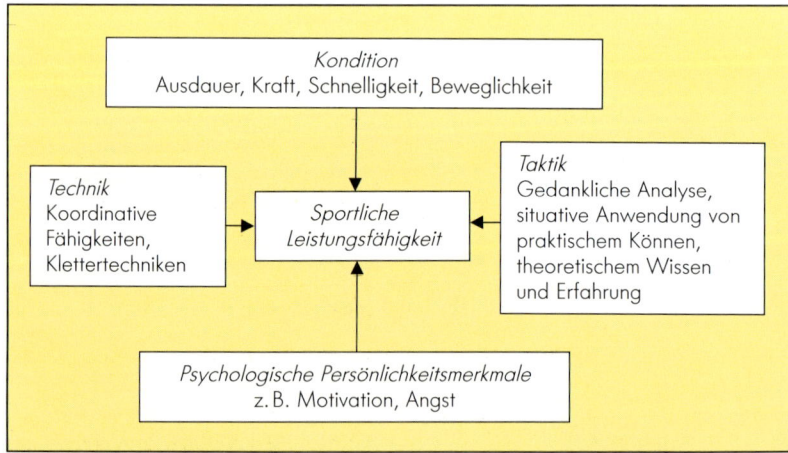

Kondition
Ausdauer, Kraft, Schnelligkeit, Beweglichkeit

Technik
Koordinative Fähigkeiten, Klettertechniken

Sportliche Leistungsfähigkeit

Taktik
Gedankliche Analyse, situative Anwendung von praktischem Können, theoretischem Wissen und Erfahrung

Psychologische Persönlichkeitsmerkmale
z. B. Motivation, Angst

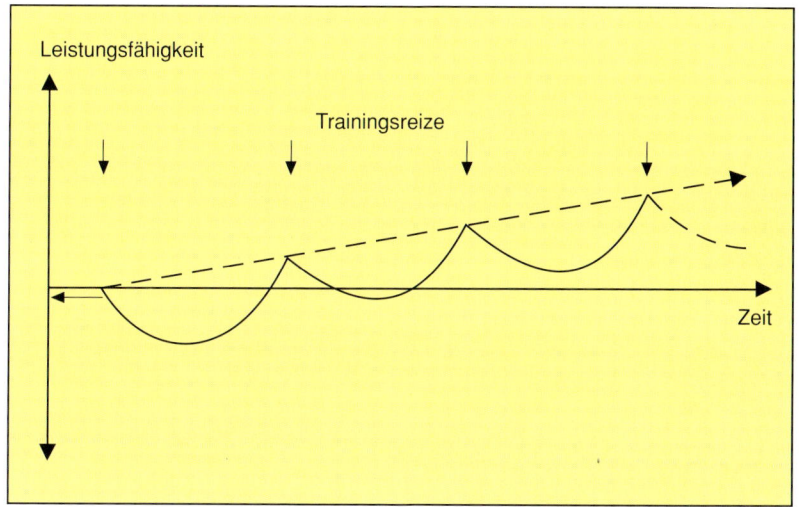

Verbesserung der Leistungsfähigkeit
durch optimal gesetzte Trainingsreize

Jedes Konditionstraining stellt für den Organismus eine Belastung dar, die man auch *Trainingsreiz* nennt. Diese Belastung führt zu einer vorübergehenden Abnahme der Leistungsfähigkeit. Doch schon nach relativ kurzer Zeit der Erholung beginnt der Körper, seine Reserven über das Ausgangsniveau hinaus aufzufüllen. Er paßt sich somit dem Konditionstraining an. Werden nun weitere Trainingsreize in den richtigen Zeitabständen gesetzt, so kommt es zu einer kontinuierlichen Verbesserung der Leistungsfähigkeit. Dieser Effekt, der in der Fachsprache auch *Superkompensation* genannt wird, ist in obenstehender Abbildung graphisch dargestellt.
Auf eine Gefahr sei in diesem Zusammenhang hingewiesen:

Zu hohe Trainingsreize mit zu kurzen Erholungszeiten können die entgegengesetzte Wirkung verursachen und den Organismus schädigen. In diesem Fall spricht man von Übertraining.

Anders herum lösen zu geringe Trainingsreize nicht den Effekt der Superkompensation aus und können demnach die Leistungsfähigkeit nicht verbessern. Bewußt eingesetzt werden leichte Belastungen im Konditionstraining, wenn es um die angesprochene Erhaltung oder Reduzierung der Leistungsfähigkeit geht.

Belastungskomponenten

Wir wollen nun einen weiteren Schritt in Richtung Trainingsgestaltung tun. Die alleinige Kenntnis um die Notwendigkeit eines Trainingsreizes reicht

15

dafür aber noch nicht aus. Vielmehr ist es wichtig zu wissen, wie sich die Belastung im Training zusammensetzt und wie diese *Belastungskomponenten* den Charakter des Trainings beeinflussen.

So ergeben sich verschiedene *Trainingsmethoden* aus der gezielten Veränderung der folgenden Belastungskomponenten:

- *Reizintensität* als Stärke des einzelnen Reizes;
  (%-Satz der Maximalleistung)
- *Reizdauer* als die Zeitdauer, mit der ein Reiz bzw. eine Reizserie einwirkt;
  (Zeit oder Wiederholungszahl)
- *Reizdichte* als das zeitliche Verhältnis von Belastungs- und Erholungsphasen;
  (Pausencharakter und Pausendauer)
- *Reizumfang* als die Dauer und Zahl aller Reize einer Trainingseinheit;
  (Gesamtwiederholungen oder Serien)
- *Trainingshäufigkeit* als Zahl der Trainingseinheiten pro Woche. (vgl. S. 40)

Ein Beispiel soll verdeutlichen, wie bei gleicher Belastung alleine die Veränderung von Belastungskomponenten die Wirkung des Konditionstrainings beeinflussen kann:

Zwei Kletterer mit identischem Körpergewicht führen im Krafttraining Klimmzüge an der Reckstange aus. Einer der beiden schafft 20 Stück mit der unterstützenden Wirkung des Deuserbandes, während der andere mit der erschwerenden Wirkung eines Zusatzgewichtes nur auf 10 Stück kommt. Mit anderen Worten liegt

beim ersten eine hohe Reizdauer, beim zweiten eine hohe Reizintensität vor. Bei rechnerisch gleicher Belastung führt die Trainingsmethode des ersten jedoch mehr zur Verbesserung der Kraftausdauer, während die Trainingsmethode des anderen mehr zur Entwicklung der Maximalkraft beiträgt. Zusammenfassend kann gesagt werden:

> Für die Erzielung eines speziellen Trainingseffekts ist die Gestaltung der entsprechenden Belastungskomponenten entscheidend.

Allgemeine Trainingsprinzipien

Wenn man über einen längeren Zeitraum trainiert, kommt man häufig an den Punkt, wo eine gewisse Stagnation eintritt. Man quält sich Tag für Tag, Woche für Woche und glaubt trotzdem, auf der Stelle zu treten. Oder man stellt im Vergleich mit anderen Kletterern fest, daß diese wesentlich schneller Fortschritte machen, obwohl sie nicht mehr oder scheinbar sogar weniger trainieren.

Der Grund dafür liegt in den meisten Fällen darin, daß gegen allgemeine *Trainingsprinzipien* verstoßen wird. Mit den wichtigsten wollen wir uns kurz auseinandersetzen:

- *Prinzip der ansteigenden Belastung:* Um einen Leistungszuwachs als Folge der biologischen Anpassung zu erzielen, müssen Umfang und Intensität des Trainings fortlaufend gesteigert werden.

- *Prinzip der kontinuierlichen Belastung:*
  Um diesen Leistungszuwachs bis zur Leistungsgrenze fortzusetzen, muß regelmäßig trainiert werden.
- *Prinzip der periodisierten Belastung:*
  Die Belastung kann nicht das ganze Jahr fortlaufend gesteigert werden, der Organismus benötigt auch Phasen der Erholung. Deshalb wird das Trainingsjahr in sogenannte Perioden eingeteilt, ohne dabei die vorgenannten Prinzipien zu vernachlässigen. Genauer wird darauf in dem Punkt Trainingssteuerung (Seite 39) eingegangen.
- *Prinzip der wechselnden Belastung:*
  Die Effektivität des Trainings wird beeinträchtigt, wenn immer die gleichen Übungen und Methoden angewendet werden. Deshalb soll variabel trainiert werden.

Bedeutung des Aufwärmens

Viele Verletzungen im Training und beim Klettern sind auf mangelhaftes oder fehlendes Aufwärmen zurückzuführen. Gerade wenn die Außentemperaturen niedrig sind, unterschätzen viele Kletterer die Notwendigkeit eines gezielten Aufwärmprogramms und gehen damit ein erhebliches Verletzungsrisiko ein. Schon allein aus diesem Grund sind wir der Ansicht, daß der Bedeutung des Aufwärmens besondere Beachtung zu schenken ist. Es gibt jedoch noch einige andere Punkte, warum ein Freikletterer auf sein Aufwärmprogramm niemals verzichten sollte. In der folgenden Über-

Ein funktionelles Aufwärmen hat neben der Vermeidung von Verletzungen im Training und beim Klettern auch einige andere, entscheidende Vorteile

Ein Aufwärmprogramm der »anderen Art«

Anforderungen, die durch verschiedene Trainingsformen und in Charakter und Schwierigkeit verschiedenen Routen an den Kletterer gestellt werden. Als Orientierungshilfe soll eine Zeit von 15 bis 20 Minuten für das Aufwärmen angegeben werden, die sich auch in anderen Sportarten bewährt hat. In dieser Zeit wird in einer bestimmten Übungsabfolge ein leichtes Anheben der Körper- und vor allem der Muskeltemperatur bewirkt, das die genannten Vorteile auslöst. Die Kleidung sollte der Außentemperatur angepaßt sein und einen Wärmestau auf der einen und ein Auskühlen auf der anderen Seite verhindern. Wichtig ist noch, darauf hinzuweisen, daß der *volle Effekt der Aufwärmarbeit bis zu 5 Minuten anhält,* nach 45 Minuten jedoch nicht mehr nachweisbar ist. Ein Standortwechsel zwischen zwei Kletterrouten beispielsweise kann schon ein erneutes Aufwärmen notwendig machen. Diese Tatsache wird von den meisten Kletterern nicht beachtet.

Folgender Aufbau des Aufwärmprogramms hat sich in unserer Praxis bewährt und stellt ein *funktionelles Aufwärmen* sowohl für das Training als auch für das Freiklettern selbst dar:

1. Begonnen wird mit einer Anregung der Herz-Kreislauf-Tätigkeit und Atmung durch leichte Ganzkörperbelastung wie z. B. Laufen.
2. Es folgt eine Vorbereitung der Muskulatur, der Gelenke mit Sehnen und Bändern auf die Belastung durch gymnastische Übungen wie z. B. leichtes Dehnen und Stretching.

sicht sind alle Vorteile des Aufwärmens zusammengestellt:

- Vermeidung von Verletzungen an Muskeln, Sehnen und Bändern;
- vermehrte Ausschöpfung der konditionellen Fähigkeiten;
- verbesserter Einsatz der koordinativen Fähigkeiten und Bewegungsfertigkeiten;
- Erhöhung der psychischen Leistungsbereitschaft.

Bei der Frage nach Dauer und Intensität des Aufwärmens, das *vor jedem Training* und *vor Beginn jeder Kletterroute* durchgeführt werden sollte, ist es schwierig, allgemeine Aussagen zu machen. Zu unterschiedlich sind die

18

3. Den Abschluß des Aufwärmens bildet eine Ausführung der Trainingsübungen mit leichten Belastungen oder aber vor einer schweren Kletterroute ein Einklettern in leichteren Routen oder Routenabschnitten.

Wichtig erscheint uns noch der Hinweis, daß ein Aufwärmprogramm ganz individuell gestaltet werden muß und kein Rezept gegeben werden kann, das für Kletterer aller Leistungsstufen gleichermaßen gilt. Das bezieht sich vor allem auf die Übungsauswahl und den zeitlichen Umfang des Aufwärmens.

Konditionstraining

Der Begriff Kondition umfaßt die konditionellen Fähigkeiten Ausdauer, Kraft, Schnelligkeit und Beweglichkeit. Für die *spezielle Kondition des Freikletterns* jedoch hat die Schnelligkeit keine Bedeutung. Die konditionelle Fähigkeit Ausdauer ist für den Freikletterer wichtig, der hauptsächlich im Gebirge unterwegs ist und dabei lange Zustiege bewältigen muß. Ansonsten hat sie in Reinform für den Freikletterer nur untergeordnete Bedeutung.

Wir wollen uns deshalb mit den für den Freikletterer leistungsbestimmenden Fähigkeiten Kraft und Beweglichkeit auseinandersetzen.

Einteilung der Kraft

Der Begriff Kraft ist noch relativ ungenau. Um ein Krafttraining speziell auf die Erfordernisse des Freikletterns ab-

stimmen zu können, empfiehlt es sich, die konditionelle Fähigkeit Kraft aufzugliedern. Zunächst wollen wir nach der Arbeitsweise der Muskulatur unterscheiden.

> Beim Freiklettern liegt sowohl eine
> *dynamische* = bewegende Muskelarbeit, wie z. B. beim Klimmzug,
> als auch eine
> *statische* = haltende Muskelarbeit, wie z. B. beim Fixieren eines Griffes vor.

Beide Muskelarbeitsweisen werden im Krafttraining berücksichtigt. Dementsprechend werden *dynamische oder statische (isometrische) Trainingsmethoden* angewendet.

Um Arbeit zu leisten, benötigen die Muskeln Energie. Im Gegensatz zu Ausdauerbeanspruchungen, wo die Energie vorrangig unter Verbrennung von Sauerstoff, also auf *aerobem* Weg gewonnen wird, wird die Energie bei Kraftbeanspruchungen im Freiklettern vorrangig *anaerob,* also ohne Sauerstoff bereitgestellt. Bei der Energiegewinnung ohne Sauerstoff entsteht Milchsäure als Abfallprodukt, die nur schlecht aus den Muskelfasern abgebaut werden kann. Der Muskel wird bei länger dauernden Kraftbeanspruchungen »sauer«, wir alle kennen die »dicken« Arme beim Klettern, die uns irgendwann zum Aufgeben zwingen. Ein guter Trainingszustand der betreffenden Muskulatur kann diesen Effekt beträchtlich hinauszögern.

Zum zweiten wird nach den verschiedenen Erscheinungsweisen der Kraft unterschieden, die im Training mit verschiedenen Trainingsarten und Methoden angesprochen werden:

- die Maximalkraft,
- die Kraftausdauer,
- die Maximalkraftausdauer.

Maximalkraft

> Die Maximalkraft ist die höchstmögliche Kraft, die ein Muskel gegen einen Widerstand entwickeln kann.

Die Maximalkraft wird einerseits bestimmt vom Muskelquerschnitt und andererseits vom Zusammenspiel der Muskelfasern untereinander.
Eine Steigerung der Maximalkraft kann demnach mit verschiedenen Trainingsarten erreicht werden. Zum einen über ein *Muskelaufbautraining* mit einer Zunahme des Muskelquerschnitts. Zum anderen über eine Verbesserung des Zusammenspiels der Muskelfasern, auch *intramuskuläres Koordinationstraining* genannt. Beide Trainingsarten lassen sich auch kombinieren, wobei sowohl der Muskelquerschnitt vergrößert als auch die intramuskuläre Koordination verbessert wird. In diesem Fall spricht man vom *kombinierten Training*.
Eine genauere Betrachtung der erwähnten Trainingsarten ergibt folgende, für den Freikletterer wichtige Vor- bzw. Nachteile:
Die Verbesserung der Maximalkraft über die intramuskuläre Koordination ist für den Kletterer auf jeden Fall vorteilhafter, da ohne Zunahme des Muskelquerschnitts und damit ohne Gewichtszunahme eine optimale und schnelle Ausnutzung der momentanen Leistungsfähigkeit im Kraftbereich erreicht wird. Andererseits kann eine kontinuierliche Steigerung der Maximalkraft nur erreicht werden, wenn eine Grundlage im Muskelaufbautraining geschaffen wird. Für den Anfänger sowie insbesondere den Jugendlichen hat das Maximalkrafttraining über den Muskelaufbau den entscheidenden Vorteil, daß aufgrund der geringeren Intensitäten im Training die Gefahr eines Überlastungsschadens oder einer Verletzung weitaus geringer ist.

Kraftausdauer

> Die Kraftausdauer ist die Fähigkeit, eine Kraftleistung über möglichst lange Dauer zu erbringen.

Die Kraftausdauer ist von der Maximalkraft und der Fähigkeit zur Energiebereitstellung auf anaerobem Weg abhängig.
Eine Verbesserung der Kraftausdauer wird deshalb über Trainingsmethoden erreicht, die vor allem die Energiebereitstellung auf anaerobem Weg, unter Bildung von Milchsäure während der Muskelarbeit, trainieren. Diese Voraussetzung ist bei statischer oder dynamisch-langsamer Arbeitsweise am günstigsten gewährleistet. Beste Erfahrungen haben wir in unserer Trai-

ningspraxis beim Training der Kraftausdauer an Kletterstellen, also in der
Anwendungsphase, gemacht.

Maximalkraftausdauer

Spielt sich die Kraftleistung in einem hohen Intensitätsbereich über
eine längere Dauer ab, so spricht
man von Maximalkraftausdauer.

Die Maximalkraftausdauer ist in erster
Linie von der Maximalkraft und erst in
zweiter Linie von der anaeroben Energiebereitstellung unter Milchsäurebil-
dung abhängig. Trainingsmethoden
zur Steigerung der Maximalkraftausdauer sind denjenigen zur Steigerung
der Maximalkraft über ein *Muskelauf-*

bautraining sehr ähnlich, doch wird
über eine länger dauernde Belastung
ein völliger Erschöpfungszustand der
betroffenen Muskulatur angestrebt.
Diese Kraftart hat ihre Bedeutung vor
allem im obersten Leistungsbereich,
denn in den derzeit schwersten Freikletterrouten ist sie leistungsentschei-
dend. Nach unseren Erfahrungen soll
die Maximalkraftausdauer dann gezielt trainiert werden, wenn die höchsten Schwierigkeitsgrade angestrebt
werden.

Training der Maximalkraft

Die in der nachfolgenden Tabelle aufgeführten Trainingsmethoden zur

Methoden des Maximalkrafttrainings

Muskelaufbautraining	Methoden für intramuskuläres Koordinationstraining	kombiniertes Training
Dynamische Standardmethode	*Statische Methode mit maximaler Anspannung*	*Pyramidenmethode* (siehe auch Abbildung)
Intensität: 60–80% der Maximalleistung	Intensität: 90–100% der Maximalspannung	Intensität: 70% 75% 80% 90% 95% 80% der Maximalleistung
Dauer: 8–12 Wiederholungen pro Serie	Dauer: 5–6 Sekunden Anspannungszeit	Dauer: 8 6 4 2 1–2 2–3 Wiederholungen
Dichte: vollständige Pausen, 3–5 Minuten	Dichte: volle Pause, 3 Minuten	Dichte: volle Pausen, 3–5 Minuten
Umfang: 3–5 Serien	Umfang: 5–6 Wiederholungen	Umfang: 6 Serien
Besonderer Hinweis: Langsames bis mittleres Bewegungstempo.	Besonderer Hinweis: Betreffende Muskelgruppe speziell aufwärmen.	Besonderer Hinweis: Kann auch statisch gestaltet werden.

Training

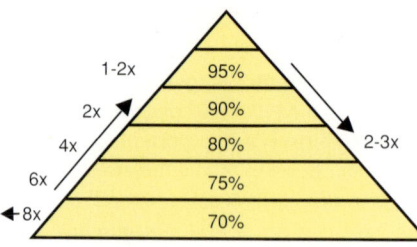

Pyramidenmethode als kombiniertes Training

Verbesserung der Maximalkraft über Muskelaufbau-, intramuskuläres Koordinations- und kombiniertes Training haben sich in unserer Trainingserfahrung aus einer Vielzahl von möglichen Methoden als die effektivsten herauskristallisiert.

Training der Kraftausdauer

In der folgenden Tabelle sind die wichtigsten Methoden zum Training der Kraftausdauer angegeben. In der Anwendungsphase, d.h. an Kletterstellen bzw. -routen, hat das Kraftdauertraining den entscheidenden Vorteil, daß auch Elemente des Techniktrainings geschult werden.

Training der Maximalkraftausdauer

In der nächsten Tabelle haben wir die effektivsten Methoden zum Training der Maximalkraftausdauer zusammengefaßt. Beim Maximalkraftausdauertraining in der Anwendungsphase ist vor allem die hohe Intensität,

Methoden des Kraftausdauertrainings

Statische intensive Intervallmethode	Wiederholungsmethode mit maximaler Arbeitsdauer an Kletterstellen = Anwendungsphase
Intensität: 60–75% der Maximalspannung	Intensität: gering bis mittel
Dauer: 25–35 Sekunden Anspannungszeit	Dauer: jeweils bis zur lokalen Erschöpfung
Dichte: unvollständige Pause, 3–5 Minuten	Dichte: volle Pause, 9–12 Minuten
Umfang: 12–15 Wiederholungen	Umfang: 3–5 Anwendungsphasen
Besondere Hinweise: Kann auch dynamisch-langsam gestaltet werden. Intensität ist in diesem Fall 10–15% niedriger.	Besondere Hinweise: Intensität kann durch Schwierigkeitsgrad der Kletterstellen, Griff- und Trittgrößen, Wandneigung und Zusatzlasten gestaltet werden. Ein gezieltes Ansprechen bestimmter Muskelgruppen muß durch den Charakter der Kletterstellen und -routen erreicht werden.

Dynamische Standardmethode mit maximaler Arbeitsdauer und maximalem Umfang	Wiederholungsmethode mit maximaler Arbeitsdauer an Kletterstellen = Anwendungsphase
Intensität: 60–80% der Maximalleistung	Intensität: submaximal
Dauer: 10–15 Wiederholungen pro Serie	Dauer: jeweils bis zur lokalen Erschöpfung
Dichte: vollständige Pause, 3–5 Minuten	Dichte: vollständige Pause, 3–6 Minuten
Umfang: 5–6 Serien	Umfang: 3–6 Anwendungsphasen
Besondere Hinweise: Ein völliger Erschöpfungszustand der Muskulatur wird durch nicht mehr korrekte oder unvollständige Wiederholungen erreicht, die evtl. durch Partner unterstützt werden.	Besondere Hinweise: Intensität kann durch Schwierigkeitsgrad der Kletterstellen, Griff- und Trittgrößen, Wandneigung und Zusatzlasten gestaltet werden. Ein gezieltes Ansprechen bestimmter Muskelgruppen muß durch den Charakter der Kletterstellen und -routen erreicht werden.

Methoden des Maximalkraftausdauertrainings

z. B. hohe Schwierigkeit der Kletterstellen oder Klettern mit Zusatzlast entscheidend, während beim Kraftausdauertraining in der Anwendungsphase mehr die möglichst lange Arbeitsdauer im Vordergrund steht.

Hinweise zur Trainingsgestaltung

Eine Schwierigkeit ergibt sich noch, bevor wir diese Trainingsmethoden mit vollem Ehrgeiz umsetzen können: Zuerst muß jeder einzelne seine Maximalleistung bei einer dynamischen oder statischen Übungsform ermitteln, um die in % angegebene Intensität errechnen zu können, mit der die jeweilige Übung ausgeführt wird.

Bei dynamischer Arbeitsweise, z. B. beim Klimmzug, entsprechen 100% Maximalleistung *einer Wiederholung* mit maximaler Belastung. Schafft ein Kletterer mit 60 kg Körpergewicht und 40 kg Zusatzgewicht gerade einen Klimmzug, so entspricht die Summe von 100 kg seiner Maximalleistung. Bei einer beabsichtigten Intensität von 70% muß er mit 70 kg Gesamtgewicht trainieren, also 10 kg Zusatzgewicht wählen. Um Anfängern diesen Test zu ersparen, kann bei dynamischen Übungsformen auch angenommen werden, daß maximal 10 mögliche Wiederholungen einer Übung einer Intensität von 70% entsprechen.

Bei statischer Arbeitsweise, z. B. beim Beugehang im 90° Ellbogenwinkel entsprechen 100% Maximalspannung einer gerade noch möglichen *Haltezeit von 3–4 Sekunden* mit maximaler Belastung. Die Berechnung erfolgt dann auf die gleiche Weise wie im obigen Beispiel.

Nicht immer werden jedoch Intensität, Dauer und Pausenlänge in dem Verhältnis stehen, wie in den Trainingsmethoden als Idealfall angegeben. In diesem Fall müssen Gewichte nach oben oder unten variiert werden, bis man sich dem Idealfall annähert. Bei Klimmzug- und Hängeübungen bedeutet das den Einsatz von Zusatzgewichten als Erschwerung bzw. die Verwendung eines Deuserbandes, in das man steigen kann, als Erleichterung.

Anfänger sollten sich mehr an den angegebenen Untergrenzen der Werte der Belastungskomponenten orientieren. Ist der allgemeine konditionelle Zustand schlecht bzw. eine Verletzung gerade erst überwunden, so können die Werte für die Intensitäten auch um bis zu 20% reduziert werden, um mögliche Verletzungen zu vermeiden. In diesem Fall sollte eine Annäherung der Intensitätswerte erst nach einem länger dauernden Grundlagentraining erfolgen.

Fortgeschrittene, die bereits über eine bestimmte Trainingserfahrung verfügen, richten sich eher nach den Obergrenzen der Werte der Belastungskomponenten.

Muskelgruppen im Krafttraining für das Freiklettern

Bevor wir nun Übungsbeispiele für das Krafttraining beim Freiklettern angeben, wollen wir uns mit der hauptsächlich beanspruchten Muskulatur auseinandersetzen. Folgende *Muskelgruppen* werden beim Klettern vorwiegend belastet:

- Fingermuskulatur,
- Hand- und Unterarmmuskulatur,
- Oberarmmuskulatur,
- Schultermuskulatur,
- Brustmuskulatur,
- Bauchmuskulatur,
- Rückenmuskulatur,
- vordere Oberschenkelmuskulatur,
- hintere Unterschenkelmuskulatur.

Die Muskelgruppen sollen im Rahmen eines funktionellen Krafttrainings angesprochen werden. Entsprechend der unterschiedlichen Bedeutung der einzelnen Muskelgruppen für das Freiklettern liegt der Schwerpunkt beim Krafttraining der Finger-, Hand- und Armmuskulatur. Dies dokumentiert sich auch in der Übungsauswahl, bei der für die bedeutenderen Muskelgruppen mehr Übungsbeispiele gegeben werden.

Übungen für das Krafttraining

Finger-, Hand- und Unterarmmuskulatur:

- Hängen an der Fingerleiste,
- Hängen in Fingerlöchern,
- Hangeln an Leitersprossen,
- Griffübung mit Gummiring oder Handtrainer,

Hängen an der Fingerleiste

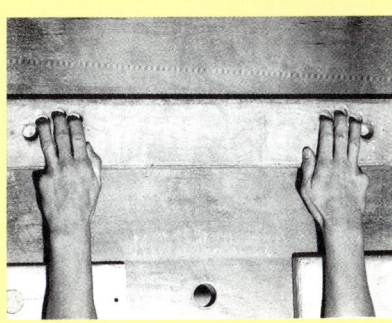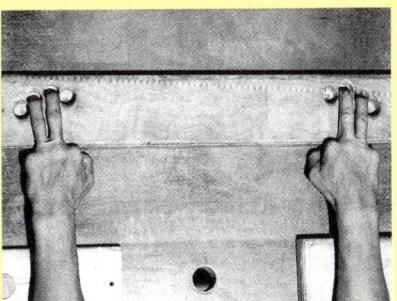

Hängen in Fingerlöchern

Halten einer Scheibenhantel   Beugen im Handgelenk mit Hanteleinsatz

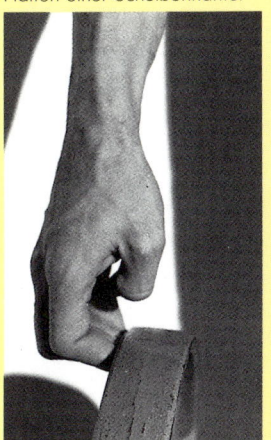

25

- Halten einer Scheibenhantel,
- Beugen im Handgelenk mit Hanteleinsatz.

Oberarmmuskulatur (vordere Seite):
- Klimmzüge in verschiedenen Griffhaltungen,
- Strickleiterhangeln,
- Steckbrettübung,
- Einarmige Klimmzüge,
- Zugübungen.

Oberarmmuskulatur (hintere Seite):
- Dips am Barren,
- Bankdrücken.

Schultermuskulatur:
- Hantelhochziehen vor dem Körper oder in Bauchlage auf Bank,
- Seithochführen von Kurzhanteln.

Brustmuskulatur:
- Bankdrücken,
- Schmetterling mit Kurzhanteln.

Bauchmuskulatur:
- Situps am Schrägbrett mit angewinkelten Beinen,
- im Streckhang an Sprossenwand oder Reck Beine gestreckt hochführen.

Rückenmuskulatur:
- Oberkörperheben aus der Bauchlage.

Vordere Oberschenkelmuskulatur:
- halbe Kniebeugen mit Gewicht,
- Beinpresse,
- einbeinige Kniebeugen.

Hintere Unterschenkelmuskulatur:
- Aufzehen auf Treppe o. ä. mit Zusatzgewicht,
- einbeiniges Aufzehen.

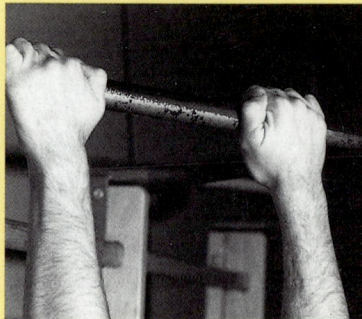

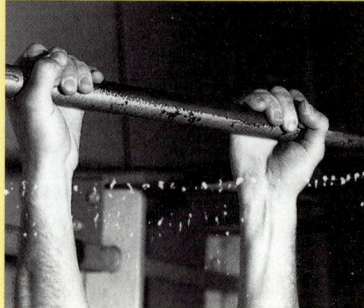

Klimmzüge in verschiedenen Griffhaltungen

Einarmige Klimmzüge

26

Strickleiterhangeln

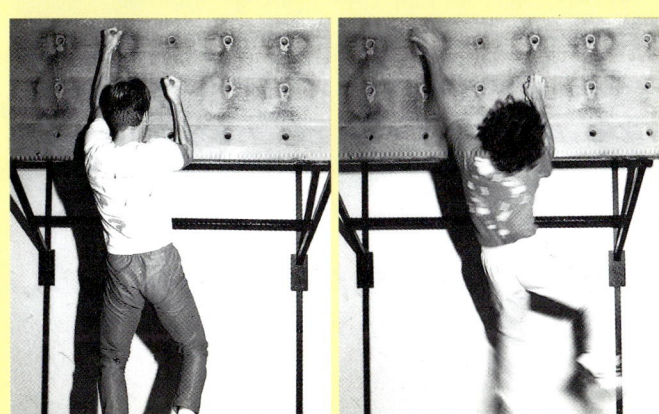

Steckbrettübung

Dips am Barren

Zugübungen

Bankdrücken

Hantelhochziehen vor dem Körper   Bauchmuskelübung im Streckhang

Schmetterling mit Kurzhanteln

Halbe Kniebeugen mit Zusatzgewicht

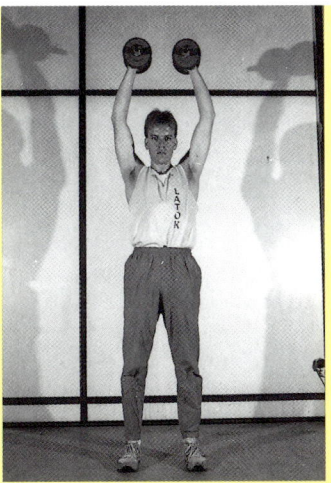

Seithochführen von Kurzhanteln

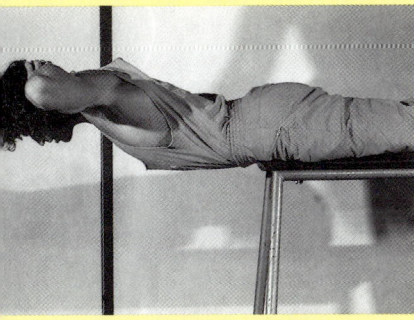

Oberkörperheben aus der Bauchlage

Einbeinige Kniebeugen   Aufzehen auf Treppe o. ä.   Einbeiniges Aufzehen

29

Vermeidung von Verletzungen im Krafttraining

Gerade im Krafttraining kommt es immer wieder, z. T. durch Unwissen, aber auch durch falschen Trainingsehrgeiz zu unmittelbaren Verletzungen oder Überlastungsschäden, die sich erst nach längerer Zeit bemerkbar machen.

Die folgenden Punkte sollten deshalb im Krafttraining *immer berücksichtigt* werden, will man nicht zum Dauergast beim Orthopäden werden.

- Vor der Trainingseinheit immer aufwärmen.
- Die Finger vor dem Krafttraining einzeln durchdehnen und speziell aufwärmen.
- Jede neue Kraftübung anfangs vorsichtig dosieren und erst nach einer Stabilisierungsphase in der Belastung steigern.
- Schmerzen in Muskulatur oder Gelenken können auf eine Verletzung deuten. In diesem Fall muß die Übung sofort abgebrochen werden.
- Volle Beugung im Ellbogengelenk bei statischer Belastung und Zusatzgewicht vermeiden.
- Tiefe Kniebeugen mit Zusatzgewicht vermeiden.
- Die Wirbelsäule bei allen Belastungen gerade halten.
- Bei dynamischen Belastungen tief und ruhig weiteratmen, bei statischer Belastung empfiehlt sich eine hechelnde Atmung. Preßatmung sollte vermieden werden.
- In den Pausen Muskulatur lockern und ggf. leicht dehnen.

Einteilung der Beweglichkeit

Die Beweglichkeit, auch Gelenkigkeit oder Flexibilität genannt, hat für das Freiklettern eine herausragende Bedeutung. Der Kletterer muß in der Lage sein, Arme und Beine in z. T. extreme Gelenkstellungen zu bewegen, diese Stellungen zu halten und aus solchen Stellungen heraus Kraft zu entwickeln.

Unter der Beweglichkeit verstehen wir die Fähigkeit des Kletterers, die Bewegungsmöglichkeit seiner Gelenke nach allen Seiten hin optimal ausnützen zu können.

Eine Einteilung der Beweglichkeit erfolgt in zwei Arten, die mit unterschiedlichen Trainingsmethoden erfaßt werden:

- Aktive Beweglichkeit.
- Passive Beweglichkeit.

Die *aktive Beweglichkeit,* die durch eigene Muskelkraft erzeugt wird, z.B. das aktive Anheben des Beines in eine weite Spreizstellung, ist für den Freikletterer von größerer Bedeutung als die *passive Beweglichkeit,* die durch das Einwirken äußerer Kräfte, wie z.B. dem Körpergewicht beim Spagat, hervorgerufen wird. Da jedoch die passive Beweglichkeit Grundlage für die aktive Beweglichkeit ist, müssen beide Fähigkeiten trainiert werden.

Begrenzt wird die Beweglichkeit durch die Gelenkformen, die Muskelmasse, das Zusammenspiel der Muskeln, die an einer Dehnbewegung beteiligt sind, die Temperatur der Muskeln, die Sehnen und Bänder und die Steuerungsprozesse des Nervensystems.

Die Beweglichkeit ist abhängig vom Alter und vom Geschlecht. Kinder haben eine bessere allgemeine Beweglichkeit, die mit zunehmendem Alter abnimmt. Frauen sind im allgemeinen beweglicher als Männer.

Training der Beweglichkeit

Ein funktionelles Beweglichkeitstraining verbessert die Gelenkbeweglichkeit, indem es vor allem die Dehnfähigkeit der auf das Gelenk wirkenden Muskeln sowie Sehnen, Bänder und Kapseln erhöht. Wir sind der Ansicht, daß diese erhöhte Gelenkbeweglich-

Eine gewissenhafte Trainingsgestaltung ermöglicht trotz extremster Belastungen ein verletzungsfreies Krafttraining

keit zusätzliche Möglichkeiten im Bereich der Klettertechniken erschließt. Als notwendiger Ausgleich zur Entwicklung der Kraftfähigkeiten hat das Beweglichkeitstraining eine weitere Bedeutung. So beseitigt es Muskelverspannungen und -verkürzungen, die sich als Folge eines intensiven Krafttrainings ergeben.

Mit den folgenden *Trainingsmethoden,* die sowohl die aktive als auch die passive Beweglichkeit erfassen, kann der Freikletterer ein funktionelles Beweglichkeitstraining durchführen.

Methoden des Beweglichkeitstrainings

passive Beweglichkeit	Methoden für aktive Beweglichkeit	passive und aktive Beweglichkeit
Statisch passives Dehnen	*Dynamisch aktives Dehnen*	*Statisches Dehnen nach isometrischer Anspannung (CHRS-Methode)*
Dehnungstechnik: 1. Langsame Steigerung der Dehnungsintensität bis zu einem leicht ziehenden Dehnungsschmerz, der auch als Dehnungslage bezeichnet wird 2. Halten der Dehnungslage über 10–30 Sekunden	Dehnungstechnik: Federn oder Wippen in die Dehnungslage unter Einsatz der Muskeln, die den zu dehnenden Muskeln entgegengerichtet sind Dauer: 12–15 Wiederholungen pro Serie mit steigender Dehnungsintensität	Dehnungstechnik: 1. Langsames und kontinuierlich gesteigertes, isometrisches Anspannen des anschließend zu dehnenden Muskels = **C**ontract 2. Halten dieser maximalen Spannung für 5–8 Sekunden = **H**old 3. Schlagartiges Entspannen des Muskels für 2–3 Sekunden = **R**elax 4. Herantasten an die Dehnungslage. Halten der Dehnungslage des Muskels über 5–8 Sekunden = **S**tretch
Dichte: Pausendauer ergibt sich aus dem Wechsel der Körperseiten	Dichte: Pausendauer ergibt sich aus dem Wechsel der Körperseiten	Dichte: Pausendauer ergibt sich aus dem Wechsel der Körperseiten
Umfang: 4–6 Wiederholungen	Umfang: 2–3 Serien	Umfang: 3–6 Wiederholungen
Besonderer Hinweis: Dehnungslage wird durch äußere Kräfte erreicht.	Besonderer Hinweis: Dehnungslagen werden durch eigene Kräfte erreicht.	Besonderer Hinweis: In allen Phasen völlig normal weiteratmen.

Hinweise zur Trainingsgestaltung

Relativ schnelle Erfolge im Beweglichkeitstraining können mit dem statisch passiven Dehnen erzielt werden, doch nimmt die so erreichte Beweglichkeit auch sehr schnell wieder ab, wenn ausschließlich diese Methode angewendet wird.

Vorteil der Trainingsmethode mit dynamisch aktivem Dehnen ist vor allem, daß die entgegengerichteten Muskeln gekräftigt werden und sich die Koordination der Muskeln untereinander verbessert. Diese bringt natürlich einen länger andauernden Effekt.

Die CHRS-Methode vereint die Vorteile der beiden vorgenannten Trainingsmethoden. Zudem verbessert sie das Kraftverhalten der Muskulatur im stark gedehnten Zustand; dies kann für den Freikletterer sehr von Vorteil sein, wenn er aus diesen Kletterpositionen weiter agieren muß. Die Dehnungstechnik mit dem Ablauf Anspannen – Halten – Entspannen – Dehnen erfordert jedoch im Gegensatz zum statisch passiven Dehnen und dynamisch aktiven Dehnen ein gewisses »Muskelgefühl«, d.h. man muß versuchen zu erfühlen, was in den einzelnen Phasen mit dem Muskel geschieht. Da dies eine gewisse Übung erfordert, ist die CHRS-Methode eher für den Fortgeschrittenen geeignet, der über ausreichende Erfahrungswerte im Beweglichkeitstraining verfügt.

Ergänzend zu den Dehnübungen werden im Beweglichkeitstraining einfache Lockerungsübungen durchgeführt, die sowohl der aktiven Erholung als auch der Vorbereitung auf die nächste Belastung dienen. Lockerungsübungen im Arm-, Hand- und Fingerbereich, als »Ausschütteln« bekannt, werden oft auch während des Kletterns an sogenannten Rastpunkten ausgeführt.

Bei der Frage nach dem Stellenwert des Beweglichkeitstrainings wird immer wieder angenommen, daß diese konditionelle Fähigkeit nur dem Aufwärmen vor dem Krafttraining dient. Daß die Beweglichkeit beim Freiklettern aber leistungsbegrenzend sein kann, erkennen nur wenige Kletterer.

Das Beweglichkeitstraining sollte in eigenständigen Trainingseinheiten angesprochen werden, wenn die Beweglichkeit langfristig erhalten oder verbessert werden soll. Im Krafttraining dienen Dehnübungen mit reduzierter Intensität und Lockerungsübungen dem Aufwärmen, der Entspannung zwischen den Kraftübungen und als regenerative Maßnahme nach Abschluß des Krafttrainings.

Gelenke im Beweglichkeitstraining für das Freiklettern

In folgenden Gelenken sollte der Freikletterer über eine besondere Beweglichkeit verfügen:
- Hüftgelenk,
- Schultergelenk,
- Handgelenk,
- Fingergelenke,
- Fußgelenk.

33

Eine gute Beweglichkeit im *Hüftgelenk* erlaubt weite Spreizstellungen, hohes Antreten von Tritten und das wichtige Heranbringen der Hüfte an die Wand in der »Froschstellung«.

Die Beweglichkeit im *Schultergelenk* sichert die Verwendung von Griffen in Überstreckpositionen und erlaubt unkonventionelle Kletterstellungen des Oberkörpers.

Die Beweglichkeit im *Handgelenk* ist vor allem beim Rißklettern von Bedeutung, wo die Hand z. T. stark verdreht wird.

Die *Fingergelenke* werden vor allem beim Aufwärmen vor dem Krafttraining belastet.

Eine ausgeprägte Beweglichkeit im *Fußgelenk* schließlich ermöglicht das Verklemmen des Fußes in Rissen.

Die folgende Auswahl an Dehn- und Lockerungsübungen soll die auf die aufgeführten Gelenke wirkende Muskulatur ansprechen.

Übungen für das Beweglichkeitstraining

Hüftgelenksbereich

Lockerungsübungen:
- Ausschütteln der Beine.
- Leichtes Schwingen der Beine nach vorne, hinten und zur Seite.

Dehnübungen:
- Bein gestreckt nach vorne, hinten und zur Seite schwingen.
- Im Hocksitz Knie nach außen federn.
- Im weiten Ausfallschritt federn.
- Querspagat mit Stützhilfe der Arme.
- Spagat im Stand mit Auflage eines Beines an der Wand.

- In »Froschstellung« Hüfte nach vorne schieben.
- Hürdensitz mit Vorbeugen des Rumpfes.
- Grätschsitz mit Vorbeugen des Rumpfes.
- Im Kniegrätschstand Hüfte nach vorne schieben.

Schulterbereich

Lockerungsübungen:
- Armkreisen in allen Variationen.
- Arme ausschütteln.
- Schultern heben und senken.

Dehnübungen:
- Hände hinter dem Rücken fassen und nach oben ziehen.
- Arme gestreckt nach hinten oben federn.
- In Bankstellung Arme gestreckt nach vorne und Oberkörper nach unten federn.
- Ellbogen hinter dem Kopf nach unten drücken.
- Arme angewinkelt zurückschlagen.
- Im Liegestütz rücklings nach vorne federn.

Hand- und Fingerbereich

Lockerungsübungen:
- Handkreisen.
- Hände ausschütteln und ausschlagen.

Dehnübungen:
- Bei gestrecktem Arm Finger nach hinten ziehen.
- In Bankstellung Handgelenk in allen Richtungen beugen.
- Finger beugen und strecken.
- Finger einzeln durchdehnen.
- Finger auseinanderspreizen.

Im Hocksitz Knie nach außen federn

Im weiten Ausfallschritt federn

Querspagat mit Stützhilfe der Arme

In »Froschstellung« Hüfte nach vorne schieben

Hürdensitz mit Vorbeugen des Rumpfes

Grätschsitz mit Vorbeugen des Rumpfes

35

Im Kniegrätschstand Hüfte nach vorne schieben

Hände hinter dem Rücken fassen und nach oben ziehen

Arme gestreckt nach hinten oben federn

In Bankstellung Arme gestreckt nach vorne und Oberkörper nach unten federn

Ellbogen hinter dem Kopf nach unten drücken

Arme angewinkelt zurückschlagen

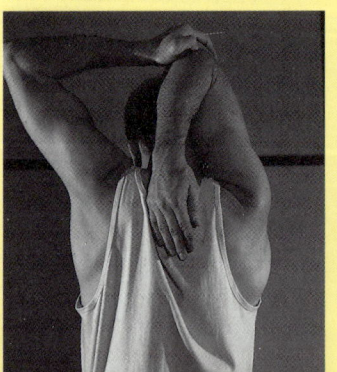

Im Liegestütz rücklings nach vorne federn

Bei gestrecktem Arm Finger nach hinten ziehen

In Bankstellung Handgelenk in allen Richtungen beugen

Finger auseinanderspreizen

Finger einzeln durchdehnen

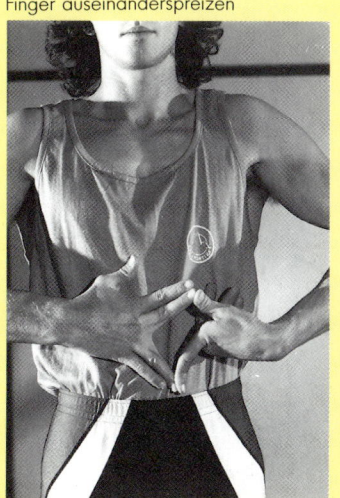

37

Fuß einwärts und auswärts dehnen

Fußgelenksbereich

Lockerungsübungen:
- Fußkreisen.
- Ausschütteln der Füße.

Dehnübungen:
- Mit den Fußballen auf Stufe o. ä. stellen und mit den Fersen nach unten federn.
- Fuß einwärts und auswärts dehnen.
- Fersensitz.
- Ausfallschritt mit Abstützen an der Wand und Ferse zum Boden federn.
- Fuß beugen und strecken.

Fersensitz

Fuß beugen und strecken

 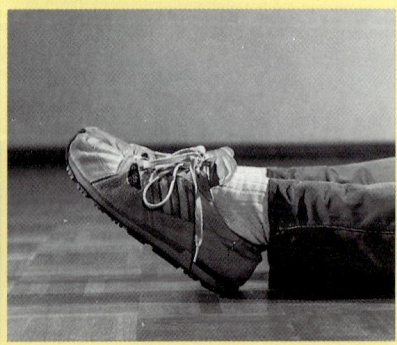

Vermeidung von Verletzungen im Beweglichkeitstraining

Auch im Beweglichkeitstraining sollte man einige wichtige Grundsätze beachten, um Verletzungen der Muskulatur, der Sehnen, Bänder und Kapseln zu vermeiden.

- Vor der Trainingseinheit immer aufwärmen.
- Den Körper mit entsprechender Kleidung im Training warmhalten.
- Kein Beweglichkeitstraining in stark ermüdetem Zustand.
- Das Beweglichkeitstraining behutsam beginnen und langsam in der Intensität steigern.
- Nach intensiven Dehnübungen immer Lockerungsübungen durchführen.

- Dehnübungen nicht mit Gewalt ausführen und über den Dehnungsschmerz steigern.
- Ruhige und normale Atmung beibehalten. Keine Preßatmung im Beweglichkeitstraining.

Trainingssteuerung

Um das Konditionstraining effektiv zu gestalten, ist eine Planung und Steuerung unbedingt notwendig. Von vielen Kletterern wird dies unterschätzt, und so bringen sie sich nicht nur um die Früchte ihrer mühsamen Trainingsarbeit, sondern erreichen in manchen Fällen sogar das Gegenteil.
Die folgende Tabelle zeigt die Aufgliederung in Planungsabschnitte und Zeiträume der Trainingssteuerung:
Durch die *kurzfristige Steuerung* des Trainings sichern wir vor allem die notwendigen Regenerationszeiten zwischen den einzelnen Trainingseinhei-

Planungsabschnitte und Zeiträume der Trainingssteuerung

Planungshaupt-abschnitt	gliedert sich in:	Planungsteilabschnitte	
Mehrjahreszyklus	→	Jahreszyklen (2–8)	langfristige Steuerung
Jahreszyklus	→	Perioden (Vorbereitungs-, Wettkampf-, Übergangsperioden)	
Perioden	→	Makrozyklen (Etappen) (à 3–5 Wochen)	mittelfristige Steuerung
Makrozyklus	→	Mikrozyklen (à 1 Woche)	
Mikrozyklus	→	Tageszyklen (7 = 1 Woche)	kurzfristige Steuerung
Tageszyklus	→	Trainingseinheiten (1–5)	
Trainingseinheit	→	Trainingsabschnitte (Aufwärmen, Hauptteile, Ausklang)	

39

ten. Dies gewährleistet eine kontinuierliche Verbesserung der Leistungsfähigkeit und vermeidet die Gefahr des Übertrainings (vgl. Seite 15). Aus diesem Grund ist ein sorgfältiger Aufbau der Mikrozyklen schon für den Anfänger von Bedeutung.

Die *mittel- und langfristige Steuerung* des Konditionstrainings für das Freiklettern ist vor allem für den Fortgeschrittenen interessant, der die unterschiedlichen Kraftarten gezielt aufbauen will und ganz bestimmte Leistungshöhepunkte innerhalb des Trainingsjahres erreichen will. Zudem dient die langfristige Steuerung des Trainings einem kontrollierten Aufbau über mehrere Jahre, in denen der Kletterer gezielt ein bestimmtes Leistungsniveau erreichen will.

Regenerationszeiten nach Trainingsbelastungen

Um eine Aussage über die *Trainingshäufigkeit* (vgl. Seite 16) als Zahl der *Trainingseinheiten* pro Woche machen zu können, müssen wir die notwendigen Regenerationszeiten nach einer Trainingsbelastung untersuchen.

Regenerationszeiten und Trainingshäufigkeiten im Krafttraining werden in der folgenden Tabelle dargestellt: *Anfänger* benötigen im Durchschnitt längere Regenerationszeiten und sollten deshalb weniger Trainingseinheiten pro Woche planen als *Fortgeschrittene,* die bereits über eine längere Trainingserfahrung verfügen.

Das Beweglichkeitstraining erfordert keine nennenswerten Regenerationszeiten und sollte deshalb täglich durchgeführt werden.

Kurzfristige Trainingssteuerung

Bei der Gestaltung eines Wochentrainingsplans, der in der Fachsprache auch *Mikrozyklus* heißt, sollte man sich nach unserer Erfahrung auf das Training einer Kraftart festlegen, höchstens jedoch zwei der angesprochenen Kraftarten parallel in einem

Regenerationszeiten und Trainingshäufigkeiten im Krafttraining

Trainingsbelastung durch	Regenerationszeiten	Trainingshäufigkeit
Maximalkrafttraining (Muskelaufbautraining)	48–60 Stunden	3–4 Trainingseinheiten pro Woche
Maximalkrafttraining (intramuskuläres Koordinationstraining)	48–72 Stunden	2–3 Trainingseinheiten pro Woche
Kraftausdauertraining	48–72 Stunden	2–3 Trainingseinheiten pro Woche
Maximalkraftausdauertraining	48–60 Stunden	3–4 Trainingseinheiten pro Woche

Mikrozyklus trainieren. In diesem Fall sollte aber mindestens ein Tag zwischen den Trainingseinheiten einer Kraftart liegen, um trotzdem die notwendigen Regenerationszeiten einhalten zu können. Bestens bewährt hat sich in unserer Trainingspraxis die Verbindung des Maximalkrafttrainings mit dem Training der Kraftausdauer bzw. der Maximalkraftausdauer in der Anwendungsphase, also beim Klettern. Das Beweglichkeitstraining erfolgt unabhängig vom Krafttraining täglich, mindestens jeden zweiten Tag, um eine ausreichende Trainingswirkung zu sichern. Da im Hochleistungsbereich sehr viele Trainingseinheiten pro Mikrozyklus anfallen, kann man eine Überlastung im Krafttraining nur durch den Wechsel der zu trainierenden Muskelgruppen von einer Trainingseinheit zur anderen vermeiden. Bei der Gestaltung des Wochentrainingsplans sollte auch berücksichtigt werden, wann die Klettertage liegen. Gerade vor einer Route, die die volle Leistungsfähigkeit erfordert, ist die Regenerationsphase besonders wichtig.

Mittelfristige Trainingssteuerung

Will ein Freikletterer eine Kraftart gezielt aufbauen, so beschäftigt ihn die Frage, ab wann ein objektiv feststellbarer Leistungszuwachs vorliegt und wie lange er diese Kraftart überhaupt steigern kann. Entsprechend wird er in den *Makrozyklen* vorrangig eine Kraftart ansprechen, bevor er sich dem Training der nächsten widmet.

Die Aneinanderreihung mehrerer solcher Makrozyklen ergibt dann eine *Periode.*
Bei der Entwicklung der Maximalkraft benötigt man für einen objektiv feststellbaren Leistungszuwachs im *Muskelaufbautraining* 18 bis 24 Trainingseinheiten oder 6 bis 8 Wochen bei 3 Trainingseinheiten pro Woche. Keine nennenswerten Wirkungen erzielt man mehr mit einem Muskelaufbautraining nach 40 bis 48 Trainingseinheiten oder 14 bis 16 Wochen.
Im *intramuskulären Koordinationstraining* tritt ein Leistungszuwachs schon nach 9 bis 12 Trainingseinheiten oder 3 bis 4 Wochen ein. Der sogenannte *Deckeneffekt,* der den Zeitpunkt anzeigt, nach dem die Trainingswirkung stagniert, ist bereits nach 24 bis 32 Trainingseinheiten oder 8 bis 10 Wochen erreicht.
Nicht so genau bestimmen kann man diese Zeitspannen beim Training der *Kraftausdauer,* doch ist mit einem objektiv feststellbaren Leistungszuwachs nach 15 bis 18 Trainingseinheiten oder 5 bis 6 Wochen zu rechnen. Nach unseren Erfahrungen sollte das Kraftausdauertraining nicht über mehr als 30 bis 36 Trainingseinheiten oder 10 bis 12 Wochen ausgedehnt werden.
Die Zeitspannen für einen objektiv feststellbaren Leistungszuwachs und den Deckeneffekt beim *Maximalkraftausdauertraining* wurden noch nicht wissenschaftlich untersucht, jedoch wird angenommen, daß sie denen des Muskelaufbautrainings zur Entwicklung der Maximalkraft ähnlich sind.

41

In der dritten Phase der Leistungsperiode erfolgt die Anwendung der gesteigerten Leistungsfähigkeit beim Klettern in den schwierigsten Routen

Die optimale Trainingswirkung aus einem gesteuerten Konditionstraining kann nicht sofort in eine gesteigerte Leistungsfähigkeit beim Klettern umgesetzt werden. Dies wird auch als *Verzögerungseffekt* bezeichnet und muß bei der Planung der Leistungshöhepunkte berücksichtigt werden. Im Durchschnitt werden 2 bis 3 Wochen benötigt, bis sich der volle Trainingseffekt aus dem Konditionstraining spürbar auf die Kletterleistung niederschlägt.

Langfristige Trainingssteuerung

Da der Freikletterer seine Leistungsfähigkeit nicht über einen beliebig langen Zeitraum aufrecht erhalten kann, empfiehlt sich die Aufgliederung des Trainingsjahres in Perioden mit unterschiedlicher Zielsetzung. Dies ist vor allem für die Kletterer interessant, die ihren Leistungshöhepunkt zu einem genau festgelegten Zeitpunkt errei-

chen wollen. Im oberen Leistungsbereich ist eine *Periodisierung* des Trainingsjahres unumgänglich.
Wir unterscheiden folgende Abschnitte, wobei auch die Eingliederung des Techniktrainings angesprochen wird:

Vorbereitungsperiode 1 (VP1)
Hier werden die konditionellen Grundlagen geschaffen. Im Training überwiegen Umfang vor Intensität und allgemeine vor speziellen Übungen. Es werden Schwerpunkte gesetzt. Im Techniktraining werden die bewegungstechnischen Voraussetzungen geschaffen.

Vorbereitungsperiode 2 (VP2)
In dieser Periode wird die kletterspezifische Leistungsfähigkeit aufgebaut. Es erfolgt eine Steigerung der Intensität bei gleichbleibendem oder geringfügig reduziertem Umfang. Spezielle Übungen treten im Konditionstraining in den Vordergrund.
Im Techniktraining werden die speziellen Klettertechniken geschult.

Leistungsperiode (LP)
In der Leistungsperiode wird bevorzugt in drei Phasen auf den Leistungs-

höhepunkt hingearbeitet. In der ersten Phase der Leistungsperiode erfolgt eine Steigerung der Intensität bei gleichbleibendem Umfang.
Es kommen nur noch kletterspezifische Übungen zur Anwendung.
In der zweiten Phase wird eine leichte Entspannung durch eine Reduzierung der Intensität und einer Steigerung des Umfangs erreicht.
In der dritten Phase gelangt man zum eigentlichen Leistungshöhepunkt. Die Intensität wird im Vergleich zur ersten Phase noch einmal erhöht. Es erfolgt die Anwendung der gesteigerten Leistungsfähigkeit beim Klettern. Das Techniktraining begleitet die einzelnen Phasen und orientiert sich hauptsächlich an den Anforderungen des Leistungshöhepunktes.

Übergangsperiode (ÜP)

Die Übergangsperiode dient der vollständigen Regeneration durch aktive Erholung. Dies wird entweder durch das Ausüben anderer Sportarten oder ein stark umfang- und intensitätsreduziertes Training erreicht.

An einem *doppelgipfeligen Periodisierungsmodell,* das sich in unserer langfristigen Trainingssteuerung bereits mehrfach bewährt hat, wollen wir den Aufbau des Trainingsjahres darstellen. In diesem Modell werden zwei Leistungshöhepunkte (April/Mai und September/Oktober) geschaffen, wie sie für die meisten leistungsorientierten Freikletterer in ihrer Jahresplanung zutreffen.

Doppelperiodisierung des Trainingsjahres beim Freiklettern

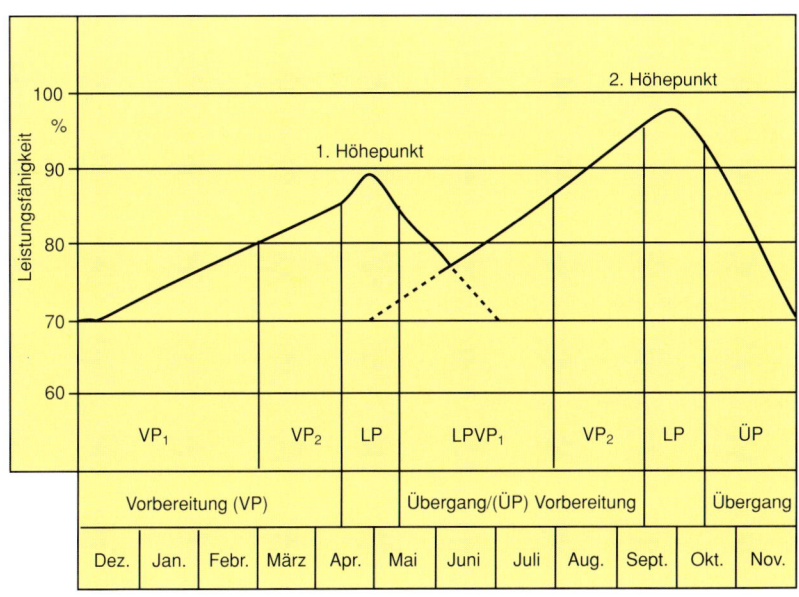

43

Trainingsstufe	Zeitraum in Jahren	Trainingshäufigkeit pro Woche
Grundlagentraining (Anfängerstufe)	2–3 Jahre	2-3
Aufbautraining (Fortgeschrittenenstufe)	2–4 Jahre	4–5
Hochleistungstraining (Könnerstufe)	2–3 Jahre	6–8
Höchstleistungstraining (Spitzenathleten)	nach ca. 6–9 Jahren	8–10

Trainingsstufen mit Zeiträumen und Trainingshäufigkeiten

Zuletzt sollte in der langfristigen Trainingssteuerung noch der kontrollierte Aufbau des Leistungsniveaus über mehrere Jahre berücksichtigt werden. Die obige Tabelle zeigt die *Trainingsstufen* mit Zeiträumen und die durchschnittlichen Trainingshäufigkeiten.

Dabei werden aber nicht immer alle Trainingsstufen durchlaufen. Manche Kletteranfänger mit guter Kondition und reichhaltiger Bewegungserfahrung aus anderen Sportarten steigen oft schon im Aufbautraining ein. Für andere Freikletterer, die im Klettern vor allem einen faszinierenden Natursport sehen, ohne daß die Leistung im Vordergrund steht, oder die die Zeit für ein Hochleistungstraining nicht aufbringen können, gehen über die Fortgeschrittenenstufe nicht hinaus.

Techniktraining

Um die Leistungsfähigkeit beim Freiklettern (vgl. Seite 14) zu verbessern, reicht ein alleiniges Konditionstraining nicht aus. Kraft und Beweglichkeit sind zwar Voraussetzungen für den Einsatz der Technik, aber umgekehrt kann ohne Technik die Kondition nicht effektiv umgesetzt werden. Deshalb muß im Training des Freikletterers neben der Kondition vorrangig die Technik berücksichtigt werden. Für die unteren Schwierigkeitsbereiche kann sogar behauptet werden, daß die *Klettertechnik* und *allgemeine koordinative Fähigkeiten* eine größere Rolle spielen als die Kondition. So hat es schon manchen Kraftprotz gegeben, der frustriert beobachten mußte, wie ein Mädchen, das nicht einmal zwei Klimmzüge zustande bringt, eine Stelle mit einer Leichtigkeit und auf eine spielerische Art und Weise klettert,

Ohne Technik kann die Kondition beim Freiklettern nicht effektiv umgesetzt werden. Circus, 5.12a On Sight. Jogasaki, Japan

die ihm jede Ader aus dem Unterarm treibt. In den oberen Schwierigkeitsbereichen jedoch bringt nur eine harmonische Entwicklung von Technik *und* Kondition, neben dem Training der Taktik und der Psyche, eine Steigerung der Leistungsfähigkeit.

Der Begriff Technik beinhaltet für das Freiklettern neben den Klettertechniken noch die sogenannten koordinativen Fähigkeiten, die die Leistungsfähigkeit mitbestimmen.

Koordinative Fähigkeiten im Freiklettern

Die Koordination ist das Zusammenspiel von Gehirn, Nerven und der arbeitenden Muskulatur innerhalb eines Bewegungsablaufs.

Die Qualität der Bewegungskoordination beim Freiklettern hängt davon ab, wie gut folgende *spezielle koordinative Fähigkeiten* ausgeprägt sind:

Gleichgewichts- und Orientierungsfähigkeit

Die laufende Kontrolle des Gleichgewichts und die Beurteilung der Körperstellung bei jeder Bewegung sind für eine sichere und kraftsparende Fortbewegung notwendig. In Grenzsituationen ermöglicht ein sofort kontrolliertes Gleichgewicht ein schnelles Weiterklettern.

Umstellungs- und Anpassungsfähigkeit

Um auch schwierigste Stellen erfolgreich zu klettern, muß sich der Freiklet-

terer immer wieder neuen Situationen anpassen und Lösungsmöglichkeiten finden. Außerdem muß er sich ständig auf veränderte Bedingungen wie Gesteinsart, Charakter der Kletterstellen usw. umstellen.

Reaktionsfähigkeit

Für einen kontrollierten Sturz ist eine schnelle zielgerichtete Reaktion notwendig, die im Training geschult werden muß.

Diese speziellen koordinativen Fähigkeiten werden im Training der Klettertechniken mitgeschult. Vorteile wird dabei der Kletterer haben, der über eine große *Bewegungserfahrung* in anderen Sportarten verfügt und dessen koordinative Fähigkeiten allgemein gut entwickelt sind.

Erlernen der Klettertechniken

Da kein Kletterer von Anfang an über eine optimale Bewegungskoordination verfügt, kommt er nicht daran vorbei, diese neuartigen Bewegungen zu erlernen. Zwei Voraussetzungen sollten jedoch erfüllt werden, ohne die kein Erfolgserlebnis möglich ist:

- Die zu erlernende Technik darf den Lernenden *konditionell nicht überfordern.* Das heißt natürlich auch, daß das Gelände für das Training einer Klettertechnik richtig gewählt werden muß.
- Der Lernende muß eine *Bewegungsvorstellung* von der zu erlernenden Klettertechnik haben. Ergänzend zur Anleitung in diesem Buch kann eine Beschreibung der

Klettertechnik und eine Demonstration durch einen guten Kletterer hilfreich sein.

Das Erlernen der Technik für das Freiklettern vollzieht sich immer in drei Phasen:

- Anfängerstufe,
- Fortgeschrittenenstufe,
- Könnerstufe.

Dabei läßt sich zwischen den einzelnen Lernphasen nicht so genau differenzieren, wie dies in anderen Sportarten der Fall ist, wo man beispielsweise die Anfängerstufe mit dem Erreichen eines gewissen Könnens ganz abschließen kann. So ist es möglich, daß ein Kletterer in einem Schwierigkeitsgrad bereits die Fortgeschrittenenstufe erreicht hat und sich gleichzeitig in dem nächsthöheren Schwierigkeitsgrad noch auf der Anfängerstufe befindet.

Anfängerstufe

Diese Phase beginnt mit den ersten Versuchen in einer neuen Klettertechnik oder in einem neuen Schwierigkeitsgrad und endet mit dem ersten groben Gelingen. Man spricht auch von der *Grobform* einer Bewegung. Merkmale dieser Phase sind falscher Krafteinsatz, verkrampfte Ausführung, zeitliche Pausen zwischen den Bewegungen und stark voneinander abweichende Bewegungsausführungen. Die jeweilige Klettertechnik wird auf die einfachsten Bewegungsmerkmale reduziert. Bei Ermüdung oder unter ungünstigen Voraussetzungen kann es noch zum totalen Versagen kommen.

In der Anfängerstufe sollte nicht im Vorstieg geklettert werden, sondern mit Umlenksicherung, auch Top Rope genannt, oder im Nachstieg, um jegliche Gefahren im Techniktraining auszuschließen. Da der Anfänger keine genaue Vorstellung von seiner eigenen Bewegungsausführung hat, ist er auf Rückmeldungen von außen angewiesen, die ihm ein Fachmann oder erfahrener Kletterer geben kann.

Fortgeschrittenenstufe

Nachdem der Kletterer die Grobform der Klettertechniken verfeinert und verfestigt hat, erreicht er die Fortgeschrittenenstufe. Man spricht von der *Feinform,* wenn eine bestimmte Klettertechnik flüssig, konstant und ohne Verkrampfung ausgeführt wird.

Der Fortgeschrittene sollte im entsprechenden Schwierigkeitsgrad auch im Vorstieg klettern, um parallel zur Technik auch die Psyche zu entwickeln. Da es in dieser Phase zu Stürzen kommen kann, empfehlen wir besonders das Durchführen eines behutsam aufgebauten Sturztrainings. In der Fortgeschrittenenstufe sollten die Anforderungen nur langsam gesteigert werden, da jede Überforderung zu einem Zerfall der ungenügend stabilisierten Technik und damit zum Versagen führen kann. Den gleichen Effekt können ungünstige Rahmenbedingungen wie z. B. Ausgesetztheit oder großer Abstand der Zwischensicherungen im Vorstieg haben.

Die Bewegungsvorstellung des Fortgeschrittenen ist schon besser ent-

47

wickelt als beim Anfänger, trotzdem erleichtern Informationen von außen den Lernprozeß.

Könnerstufe

Werden die Klettertechniken weiter stabilisiert und ist der Fortgeschrittene zudem in der Lage, diese Techniken in den verschiedensten Situationen erfolgreich einzusetzen, so spricht man von der Könnerstufe. In dieser erfolgt eine *Automatisation* der Technik, d. h. die jeweilige Klettertechnik bzw. ein bestimmter Schwierigkeitsgrad wird perfekt beherrscht. Der Freikletterer der Könnerstufe ist in der Lage, die Klettertechniken dem Fels und dem Routencharakter anzupassen und kann viele Techniken zu einer harmonischen Bewegungsabfolge verbinden. Er begeht die Routen, in deren Schwierigkeitsgrad er Könner ist On Sight, d. h. beim ersten Versuch einer unbekannten Route ohne Sturz im Vorstieg, da er in der Lage ist, den Bewegungsablauf unbekannter Kletterstellen vorauszudenken. Zudem kann er über die Klettertechniken auch unter ungünstigen Rahmenbedingungen frei verfügen, z. B. bei starker Ermüdung oder Streßbelastung in schwierigen Vorstiegssituationen.
Erreicht ein Freikletterer die Könnerstufe in den höchsten Schwierigkeitsgraden, so spricht man von einem *absoluten Könner*. Doch kann jeder Kletterer auf seinem individuellen Leistungsniveau die Könnerstufe erreichen, wenn er »seinen« Schwierigkeitsbereich beherrscht und die dafür

notwendigen Klettertechniken automatisiert hat. Dieser Kletterer wird dann als *relativer Könner* bezeichnet.

Biomechanische Grundlagen zu den Klettertechniken

Bevor wir uns den verschiedenen Klettertechniken zuwenden, beschäftigen wir uns noch kurz mit den biomechanischen Grundlagen. Dies ermöglicht uns eine Analyse der Techniken als Voraussetzung für eine Verbesserung. Die Kontrolle des *Körperschwerpunkts* steht im Mittelpunkt jeder Klettertechnik. Deshalb soll uns besonders die Lage des Körperschwerpunkts beim Klettern interessieren. Im aufrechten Stand liegt dieser ungefähr in Bauchnabelhöhe in der Mitte des Körpers und damit direkt über der Standfläche. Das Körpergewicht wird allein von den Beinen getragen.
Diese Situation ist mit dem Klettern in geneigtem Gelände vergleichbar, bei dem das *Lot des Körperschwerpunkts* ebenfalls auf die Stand- bzw. Trittfläche fällt. In diesem Fall müssen wir uns mit den Händen lediglich am Fels abstützen, das Körpergewicht wird hauptsächlich von den Beinen getragen.
Beim Klettern in senkrechtem und überhängendem Gelände fällt das Lot des Körperschwerpunkts jedoch nicht mehr auf die Trittfläche, und so entsteht ein *Drehmoment* an der Trittfläche, das uns aus der Wand kippen läßt, wenn wir der Schwerkraft des Körpers nicht mit dem Halten von Griffen entgegenwirken. In diesem

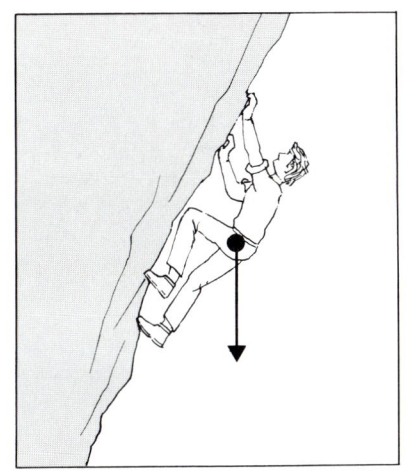

Lot des Körperschwerpunkts in geneigtem Gelände

Lot des Körperschwerpunkts in überhängendem Gelände

Fall können wir das Gleichgewicht des Körpers nur über einen relativ großen Kraftaufwand der Arme stabilisieren.

Eine Konsequenz muß deshalb sein, im senkrechten und überhängenden Gelände den Körperschwerpunkt möglichst weit an die Wand zu verlagern, um das Lot des Körperschwerpunkts noch weitestgehend an die Trittfläche anzunähern. Dadurch verringert sich das angesprochene Drehmoment an der Trittfläche, und zumindest ein Teil des Körpergewichts wird noch von den Beinen getragen.

Elementare Verhaltensweisen beim Klettern

Aus den biomechanischen Grundlagen lassen sich einige elementare Verhaltensweisen beim Klettern ablei-
ten. Diese sollten besonders vom Anfänger berücksichtigt werden noch bevor er sich den eigentlichen Klettertechniken zuwendet, denn sie gewährleisten einen ökonomischen und sicheren Bewegungsablauf beim Freiklettern.

Ständige Kontrolle des Gleichgewichts

Bei der Fortbewegung wird das Gleichgewicht ständig überprüft und neu eingestellt sowie der Körperschwerpunkt bewußt so verändert, daß ein ökonomischer Bewegungsfluß möglich ist.

Vorrang der Beinarbeit

Im Interesse einer kraftsparenden Fortbewegung müssen vorrangig die Beine das Körpergewicht tragen, solange das Gelände dies erlaubt.

49

◁ Eine ständige Kontrolle des Körperschwerpunktes ermöglicht einen ökonomischen Bewegungsfluß. Lord of the Rings, 31/32 1. Begehung. Mt. Arapiles, Australien

Bewegen im optimalen Bewegungsbereich der Gelenke

Da aus mittleren Beugestellungen die Muskulatur mehr Kraft entwickeln kann, sollten während der Fortbewegung Endstellungen der Gelenke vermieden werden. Für Ruhepositionen und beim Klettern im senkrechten bis überhängenden Gelände sollte jedoch aus Gründen der Kraftersparnis soweit als möglich der »gestreckte Arm« eingesetzt werden.

Grifftechnik

Die Struktur der Felsoberfläche bietet eine so vielfältige Auswahl an Griffmöglichkeiten, daß es sehr schwer ist, bestimmte Grundformen zu definieren. Es hängt zum Großteil vom Gefühl des Kletterers ab, wie er einen Griff belastet und welche Fingerstellung er dabei anwendet. Natürlich spielt in diesem Punkt auch die Erfahrung eine große Rolle, um auch in schwierigen Passagen eine schnelle Entscheidung treffen zu können. Um ein sensibles Gefühl für die Grifftechnik zu entwickeln, haben sich die nachstehenden Trainingsformen bewährt. Um ein Verletzungsrisiko auszuschließen, empfehlen wir, knapp über dem Boden oder mit Seilsicherung von oben zu klettern.

- Verschiedene Fingerstellungen am gleichen Griff durchtesten.
- Identische Passagen mit unterschiedlichen Fingerstellungen an den gleichen Griffen klettern und erfühlen, mit welcher Fingerstellung man am besten zurechtkommt.
- Sich bewußt in den Grenzbereich vortasten, indem auch weniger gute Griffmöglichkeiten genutzt werden.
- Bei kleinen Fingerleisten den Daumen zur Druckverstärkung über Zeige- und Mitttelfinger legen. Beim nächsten Versuch am gleichen Griff die Finger hängen lassen.
- Fingerlöcher mit verschiedenen Fingerpaaren greifen und beobach-

Die vorrangige Beinarbeit erlaubt eine kraftsparende Fortbewegung. Im überhängenden Gelände müssen jedoch zunehmend die Arme das Körpergewicht halten

51

ten, mit welchem Fingerpaar die größte Kraft entwickelt werden kann.

- Auch anfangs ungewohnte Griffmöglichkeiten wie Zangen- und Klammergriffe testen.

Wir verzichten bewußt darauf, definitive Grifftechniken zu beschreiben, da es in der Vielfalt der Griffmöglichkeiten keine verallgemeinerungsfähigen Anwendungsformen gibt.

Viel wichtiger erscheinen uns die verschiedenen *Belastungsrichtungen*. Danach unterscheiden wir folgende Griffarten:

- Zuggriffe,
- Stützgriffe,
- Seitgriffe,
- Untergriffe.

Von den Belastungsrichtungen hängt die Koordination der darauffolgenden Bewegungsabläufe ab. Dieser Punkt spielt auch in der Taktik beim vorausschauenden Klettern eine große Rolle.

In den unteren Schwierigkeitsbereichen muß der Kletterer in einem noch relativ großen Griffangebot die Belastungsrichtung der Griffe so wählen, daß sie einen flüssigen Bewegungsablauf ermöglichen.

In den oberen Bereichen, in denen es oft nur eine Griffmöglichkeit zur Überwindung einer Schlüsselstelle gibt, ist das schnelle Erkennen der einzig möglichen Belastungsrichtung entscheidend.

Trittechnik

Durch die Verbesserung der Kletterschuhe ist auch der Trittanwendungsbereich größer und anspruchsvoller geworden. Um alle Möglichkeiten sinnvoll ausschöpfen zu können, muß der Kletterer die Haftungsgrenzen seiner Schuhe kennen.

Dazu muß er im Training bewußt verschiedene Trittmöglichkeiten ausreizen und ein Abrutschen der Schuhe provozieren.

Immer wieder neues Antreten und nervöses Zurechtrücken der Schuhe auf einem Tritt ist bei Anfängern sehr häufig zu beobachten und zeugt von mangelndem Trittgefühl. Schon vor der Plazierung des Schuhs auf dem Tritt muß der Kletterer wissen, ob der Tritt für die Durchführung des nächsten Bewegungsablaufs geeignet ist. Das setzt natürlich sehr viel Erfahrung und Routine voraus. Darum sollte das Herausfinden dieser Grenzbereiche ein fester Bestandteil des Techniktrainings sein.

> Eine gut ausgeprägte Trittechnik ist die Basis für die gezielte Anwendung der Klettertechniken.

Um ein sensibles Gefühl für die Trittechnik zu entwickeln, haben sich folgende Trainingsformen bewährt. Damit ein Verletzungsrisiko ausgeschlossen werden kann, empfehlen wir, knapp über dem Boden oder mit Seilsicherung von oben zu klettern.

- Verschiedene Fußstellungen am gleichen Tritt testen und dabei ein Abrutschen provozieren.

Im optimalen Bewegungsbereich der Gelenke kann mehr Kraft entwickelt werden als in Endstellungen. Debiloff, 6c+. Verdon, Frankreich

- Quergänge mit Nachstellschritten und dem Einsetzen der Innenkante beider Schuhe.
- Quergänge mit Überkreuzschritten und dem Einsetzen der Außenkante eines Schuhs. Wechsel der Quergangsrichtung.
- Beim frontalen Antreten von Löchern Wechsel zwischen Anziehen und Absenken der Ferse.
- Aktives Aufkanten der Schuhe zur Druckverstärkung auf kleinen Leisten.

Auch bei der Trittechnik gibt es keine definierten Anwendungsformen, weshalb nur ein intensives Training zu einem reichen Erfahrungsschatz führt.

Steigtechnik

Grundtechniken des Kletterns

Obwohl es innerhalb der Techniken beim Freiklettern keine identischen Bewegungsabläufe geben kann, haben sich trotzdem Grundformen der Klettertechniken entwickelt, die, auf die gegebenen Umstände angepaßt, immer wieder Anwendung finden.

Steigtechnik

Es ist die am häufigsten vorkommende Klettertechnik. Die Steigtechnik ist in allen Schwierigkeitsbereichen die Basis für einen kraftsparenden Bewegungsablauf. Grundsätzlich sollten die Beine so weit als möglich die Hubarbeit leisten und das Gewicht des Körpers tragen (vgl. Seite 48). Bei der Fortbewegung sollten Extremstellungen der Gelenke vermieden werden, d. h. solange es das Gelände erlaubt sollten die Griffe und Tritte nicht zu weit auseinanderliegen. Dadurch wird ein harmonischer Bewegungsablauf möglich, und Griffe und Tritte können exakt belastet werden.

In senkrechten bis überhängenden Passagen verrichten die Arme zunehmend Haltearbeit, um den Körper im Gleichgewicht zu halten. Die Hüfte wird dabei so weit als möglich an den Fels gebracht, um die Arme zu entlasten. Auch in der Fortbewegung sollte sie sich nicht zu weit von der Wand entfernen, um so wenigstens einen Teil des Körpergewichts auf die Beine zu übertragen.

Spreiztechnik

Spreiztechnik

Trittmöglichkeiten, die einen weiten horizontalen Abstand aufweisen, werden mit der Spreiztechnik genutzt. Diese Technik basiert auf dem Gegendruckprinzip, weshalb sie in Extremfällen das Nutzen von vertikalen Tritten erlaubt. Das Einnehmen von weiten Spreizstellungen ist von der aktiven Beweglichkeit im Hüftbereich abhängig, doch sollte eine zu extreme Spreizstellung nicht den folgenden Bewegungsablauf einschränken. Eine leichte Spreizstellung kann generell empfohlen werden, da dadurch die Standfestigkeit erhöht wird und man beim Weitergreifen ein Herausdrehen verhindert.
Die Spreiztechnik findet Anwendung in Verschneidungen, weiten Kaminen und beim Wandklettern.

Stemmtechnik

Die Stemmtechnik wird in engen Kaminen angewendet. Dabei dient der gesamte Rücken des Kletterers als Auflagefläche. Der Gegendruck wird mit den Füßen an der gegenüberliegenden Kaminwand erzeugt. Zum Höherschieben werden die Füße verspreizt und der Oberkörper mit Unterstützung der Hände hochgeschoben.

Stemmtechnik

55

Gegendrucktechnik

Die Gegendrucktechnik, auch *Piaztechnik* genannt, ist eine der anstrengendsten Klettertechniken. Hierbei dient der ganze Körper als natürlicher Spannungsbogen. Der Belastungsdruck auf die Füße wird durch das ho-he Anstellen und dem gleichzeitigen Zug der gestreckten Arme erzeugt. Passagen, die mit der Piaztechnik geklettert werden, sind zügig und entschlossen zu bewältigen, da die Kletterstellung keine Möglichkeit zum Rasten bietet. Die Piaztechnik wird vor allem in Rißverschneidungen, an Kanten oder in Rissen und in abgewandelter Form sogar bei Wandklettereien angewendet.

Gegendrucktechnik

Rißtechnik

Fingerrißtechnik

Bei der Fingerrißtechnik übernehmen die verklemmten Finger die Halte- und Zugarbeit. Die Füße suchen in der Wand nach Trittmöglichkeiten, um die Zugarbeit der Arme zu unterstützen. Wenn es die Breite des Risses erlaubt, kann die Schuhspitze im Riß verdreht werden. Hierfür eignen sich besonders die Ballerinas wegen der niedrigen Spitze.

Bei der Handstellung unterscheiden wir zwei Arten, die je nach Rißstruktur angewendet werden:

- Bei parallelen Fingerrissen werden die Finger weit über dem Kopf mit dem Daumen nach unten in den Riß eingeführt. Durch die Zugbewegung nach unten verdrehen sich die Finger im Riß, es entsteht eine Klemmwirkung.
- Bei Rißverengungen, auch slots genannt, kann die Hand mit dem Daumen nach oben in den Riß eingeführt werden. Die Klemmwirkung entsteht am Fingergelenk.

Bei beiden Klemmtechniken ist der ständige Zug nach unten wichtig. Eine gewisse Schmerztoleranz ist nicht nur bei den Finger-, sondern auch bei den Hand- und Faustrissen notwendig, Verletzungen der Hautoberfläche sind oft nicht zu vermeiden.

Handrißtechnik

Bei der Handrißtechnik muß nach der Neigung des Geländes differenziert werden. Bis zur Senkrechten hat die verklemmte Hand vor allem eine stabilisierende Funktion, da die ebenfalls

Fingerrißtechnik

Handrißtechnik

57

im Riß verklemmten Füße wieder, für die Fortbewegung entscheidende, Hubarbeit leisten können. Bei überhängenden Handrissen dagegen gewinnt die Klemmwirkung der Hand wieder an Bedeutung, da die unterstützende Hubarbeit der Beine wegfällt.

Je nach Rißbreite unterscheiden wir zwei Klemmtechniken:

- Bei einer Rißbreite, die ein Einführen der ganzen Hand in den Riß erlaubt, wird die untere Hand mit dem Daumen nach oben in den Riß eingeführt. Eine Klemmwirkung entsteht, wenn der Daumen nach unten in die Handfläche gepreßt wird. Die obere Hand wird mit dem Daumen nach unten in den Riß eingeführt. Hier entsteht die Klemmwirkung durch den Zug nach unten, wobei die Hand im Riß verdreht wird.

- Bei einer Rißbreite, die ein Einführen der Hand nur zum Teil erlaubt, werden beide Hände mit dem Daumen nach unten in den Riß eingeführt. Eine Klemmwirkung entsteht dabei am Grundgelenk des Zeigefingers, wenn sich die Hand aufgrund der Zugbelastung verdreht. Bei dieser Technik ist ein gewisses Verletzungsrisiko vorhanden, da die Klemmwirkung sehr punktuell erfolgt.

Faustrißtechnik

Bei der Faustrißtechnik wird die Hand waagrecht in den Riß eingeführt. Die Klemmwirkung entsteht durch ein

Faustrißtechnik

Körperrißtechnik

Ballen der Faust. Dabei kann sich, je
nach Rißbreite, der Daumen in der ge-
schlossenen Faust befinden oder seitlich an den Zeigefinger gepreßt werden. Die ebenfalls im Riß verklemmten
Füße leisten unterstützende Hubarbeit.

Körperrißtechnik
Der Körperriß ist die unangenehmste
und zugleich gefürchtetste Rißbreite.
Der Kletterer verklemmt den Arm und
die Schulter seitlich im Rißinnern. Auch
beim Körperriß wird nach Rißbreite
unterschieden:

- Bei schmalen Körperrissen erzeugt
  der Kletterer mit dem gestreckten
  Arm und der Handfläche Druck im
  Rißgrund. Die Schulter bewirkt dabei den Gegendruck, der für die
  Klemmwirkung notwendig ist.
- Bei breiten Körperrissen wird die
  Klemmwirkung durch den angewinkelten Arm erreicht. Handfläche
  und Schulter erzeugen den gegen-
  seitigen Druck.

Bei beiden Rißbreiten wird der im Riß
befindliche Fuß durch ein Verklemmen
des Knies fixiert. Der äußere Fuß
übernimmt zusammen mit der außen-
liegenden Hand eine Stützfunktion an
der Rißkante.

Reibungstechnik

Die Reibungstechnik basiert im wesentlichen auf dem Grundprinzip der
Steigtechnik. Die Fortbewegung er-

folgt ausschließlich mit der Hubarbeit
der Beine. Die Arme haben nur eine
stützende Funktion und sichern das
Gleichgewicht. Bewegungsmerkmale
dieser Technik sind:

- Die Fersen absenken, um eine möglichst große Auflagefläche der
  Schuhsohlen zu erreichen. Je mehr
  Sohlenfläche eingesetzt werden
  kann, desto größer ist die Reibung.
- Ein leicht gespreiztes Stehen sichert
  die gleichmäßige Druckverteilung
  auf beide Füße.

Reibungstechnik

- Die Hände stützen sich nur leicht am Fels ab, damit ist gewährleistet, daß das Lot des Körperschwerpunkts genau auf die Standfläche fällt (vgl. Seite 48).

- Überlegtes und ruhiges Höhersteigen in kleinen Schritten garantiert ein richtiges Belasten der Sohlen auch in der Fortbewegung, die stark an die Steigtechnik erinnert.

Spezielle Klettertechniken

Modernes Freiklettern ist an keine Regeln bei der Anwendung verschiedener Bewegungs- und Technikformen gebunden. Erlaubt ist alles, was im Sinne des Freikletterns zur Fortbewegung führt.

Unter diesem Motto haben sich neue Technikformen entwickelt, die sehr akrobatische Bewegungsinhalte besitzen. Diese Technikformen finden vor allem in den oberen Schwierigkeitsbereichen ihre Anwendung. Doch auch der Anfänger kann in den unteren und mittleren Schwierigkeitsbereichen von abgewandelten Formen dieser Techniken profitieren.

Foothook

Der Foothook ist eine Technikform, die hauptsächlich zur Entlastung der Arme in Rastpositionen eingesetzt wird oder das Gleichgewicht bei diffizilen Bewegungsabläufen stabilisiert.

Bei dieser Technik wird die Ferse zur Entlastung der Arme in Griffhöhe der Finger auf einen ausreichend großen Absatz gelegt. Durch aktive Zugbelastung des eingehängten Beins wird ein Arm zum Weitergreifen oder Ausschütteln entlastet.

Foothook

Mantle

Dynamischer Griffwechsel

Mantle

Hierbei handelt es sich um eine Durchstütztechnik, die in verschiedenen, der Wandstruktur angepaßten Formen angewendet wird. Sie ist nicht nur zur Überwindung von Überhängen und Absätzen erforderlich, sondern auch bei Wandkletterereien. Beim Mantle wird nicht nur am Griff gezogen, sondern auch an diesem durchgestützt. Dies entlastet den anderen Arm und macht in griffarmen Passagen ein raumgreifendes nächstes Griffassen möglich.

Dynamischer Griffwechsel

Oft kommt der Kletterer in eine Situation, in der ihn nur noch ein verzweifeltes Schnappen nach dem nächsten Griff vor dem Sturz retten kann. Der Anfänger kennt diese Situation vor allem wegen Kraftmangels oder wegen eines Verkletterns.
In den oberen Schwierigkeitsbereichen haben die Kletterer diese Erscheinung zu einer Technikform weiterentwickelt, um kleingriffige Wandstellen und weite Griffabstände zu überwinden. Wenn die Griffe so klein

werden oder so ungünstig angeordnet sind, daß ein einarmiges Fixieren zum Weitergreifen nicht mehr möglich ist, dann wendet man einen dynamischen Griffwechsel an.

Der Kletterer zieht seinen Körper schwungvoll an die Wand, die weitergreifende Hand schnellt nach oben und fixiert den Griff, bevor sich der Körper wieder in der Abwärtsbewegung befindet.

Was sich hier so einfach anhört, ist in der Praxis ein äußerst komplizierter Bewegungsablauf. Er erfordert sehr große Entschlossenheit, Konzentration und ein hervorragendes, speziell für diesen Ablauf geschultes Bewegungsgefühl. Erschwerend kommt noch hinzu, daß diese Technikform auch aus ungünstigen Kletterpositionen heraus und im übersäuerten Muskelzustand beherrscht werden sollte.

Taktiktraining

Taktik beim Freiklettern ist die gedankliche Analyse einer geplanten Route und die situative Anwendung von praktischem Können, theoretischem Wissen und Erfahrung in der Route. Der Freikletterer »durchsteigt« die geplante Route im Gedanken. Dabei versucht er, sich mit allen ihm zur Verfügung stehenden Informationen auf die Anforderungen einzustellen. Er legt sich, bevor er in die Route einsteigt, den möglichen Routenverlauf zurecht und stellt sich auf die eventuell anzuwendenden Klettertechniken ein, d. h. er erstellt einen exakten Handlungsplan. Der erfahrene Kletterer kann auch in schwierigsten Routen

Die gedankliche »Durchsteigung« einer geplanten Route ist ein wesentlicher Bestandteil der Taktik beim Freiklettern

Training

vom Boden aus Rastpositionen erkennen und die Anforderungen der Route einschätzen.

Im folgenden werden zwei konkrete Handlungspläne vorgestellt, die der Freikletterer vor dem Einstieg in eine Route und während des Kletterns durchgehen sollte.

Die erfolgreiche Anwendung der Handlungspläne hängt stark von der Erfahrung, der Technik, dem konditionellen Zustand und der Motivation ab.

Der Anfänger wird beim Durchstieg einer Route noch starke Abweichungen von gedanklicher Analyse und praktischer Ausführung feststellen. Oft werden Situationen auftreten, die ihn überraschen und die in seinem Handlungsplan nicht enthalten waren. Dies ist jedoch ein notwendiger Vorgang, um ähnliche Fehler in künftigen Routen zu vermeiden.

Der Fortgeschrittene erreicht bereits eine hohe Übereinstimmung zwischen Handlungsplan und Handlungsvollzug, d. h. er muß während des Kletterns nur geringfügig von seiner gedanklichen Analyse abweichen.

Der Könner legt mit der Taktik einen Grundstein für den erfolgreichen Durchstieg einer Route. Vor allem beim Versuch, eine unbekannte Route On Sight zu begehen, spielt die Taktik eine entscheidende Rolle. Handlungsplan und praktische Realisation des Könners weichen kaum voneinander ab.

Handlungsplan vor dem Klettern

Der Handlungsplan vor dem Klettern vollzieht sich in folgenden Punkten:

- Abschätzen der zu erwartenden Schwierigkeiten in der Route.
- Einschätzung der eigenen Leistungsfähigkeit im Vergleich zu den erwarteten Schwierigkeiten der Route. Dies setzt eine objektive Beurteilung der eigenen Leistungsfähigkeit voraus.
  Eine Fehleinschätzung auf dieser Stufe kann alle folgenden Punkte negativ beeinflussen.
- Erkennen des Routenverlaufs und der anzuwendenden Klettertechniken. Dieser Punkt ist wichtig, um nicht während des Kletterns wertvolle Zeit und Kraft bei der Suche nach dem richtigen Routenverlauf zu vergeuden.
- Festlegen der möglichen Rastpositionen und Aufgliedern der Route in verschiedene Abschnitte anhand der festgelegten Rastpositionen.
- Erkennen von möglichen Schlüsselstellen in den einzelnen Abschnitten.
- Festlegen der Sicherungspunkte und Einschätzen möglicher Gefahrenstellen aufgrund mangelnder Sicherung. Nach diesem Punkt richten sich die Auswahl und Anzahl der mitzuführenden Sicherungsmittel und der Seilverlauf. Vor allem bei Rißkletterreien sind die Wahl der richtigen Klemmkeilgrößen und deren Anwendungspunkte mit für den Erfolg entscheidend.

64

Handlungsplan während des Kletterns

Nachstehende Punkte kennzeichnen den Handlungsplan während des Kletterns:

- Ansteuerung einer Rastposition. An einer Rastposition muß sich der Kletterer erholen oder zumindest ohne weiteren Kraftverlust aufhalten können. Zum Einnehmen der Rastposition muß unter Umständen auch auf spezielle Klettertechniken wie z. B. dem Foot Hook zurückgegriffen werden. Der Kraftaufwand, um in diese Rastposition zu kommen und aus ihr weiterklettern zu können, darf den Erholungseffekt nicht aufheben.
- Planung der nächsten Passagen bis zur folgenden Rastposition. Dies wird als vorausschauendes Klettern bezeichnet.
- Festlegen und Anbringen der Sicherungspunkte unter Abschätzung der Gefahren eines möglichen Sturzes.
- Wahl der notwendigen Klettertechniken.
- Auswahl der zu belastenden Griffe und Tritte und deren jeweiliger Belastungsrichtung. Davon hängt die Koordination der folgenden Bewegungsabläufe ab.
- Einplanen des Zurückkletterns zum letzten Rastpunkt.
- Festlegen des Bewegungstempos und eventueller dynamischer Griffabfolgen.
- Einplanung und Entscheidungsalternativen für den Bewegungsablauf.

Psychologisches Training

Kondition, Technik und Taktik sind wesentliche Bestandteile der Leistungsfähigkeit beim Freiklettern, doch ein weiterer wichtiger Faktor sind die psychologischen Eigenschaften des Kletterers.

So kann ein Kletterer in Höchstform diesen Zustand nie voll ausnützen, wenn er durch psychologische Phänomene wie Angst, Streß oder mangelnde Motivation blockiert wird.

Wir wollen an dieser Stelle nicht die psychologischen Hintergründe für das Freiklettern beleuchten oder wissenschaftlich fundierte Entspannungs- oder Konzentrationstechniken vorstellen, sondern uns auf die Faktoren beschränken, die die Leistungsfähigkeit des Kletterers mitbeeinflussen, wobei wir ein Beispiel zur psychologischen Vorbereitung auf eine Kletterroute erläutern.

Angst

Die Angst ist eine der leistungshemmendsten Faktoren im Klettersport. Sie begründet sich hauptsächlich im Sturzrisiko beim Klettern im Vorstieg. Vor allem der Anfänger wird, bedingt durch das mangelnde Vertrauen zur Ausrüstung und einer ständig vorhandenen Angst vor einem möglichen Sturz, noch sehr stark von diesem Phänomen beeinflußt. Diese Angst kann nur durch eine wachsende Erfahrung abgebaut werden. Das bedeutet, daß auch der Anfänger das

Stürzen schon systematisch erlernen sollte, um zum einen das nötige Vertrauen zur Ausrüstung zu bekommen und zum anderen das Sturzgefühl kennenzulernen. Dadurch kann er die sogenannte Vorstiegsangst abbauen und bewältigt so leichter den Umstieg vom Klettern im Nachstieg bzw. Top-Rope-Klettern zum Klettern im Vorstieg.

Motivation

Die Motivation leistet einen entscheidenden Beitrag zum Gelingen einer Route. Der Kletterer entwickelt eine positive Einstellung zu seinem Ziel. Durch steigende Motivation kann er bestehende Zweifel und Ängste verdrängen und die Basis zur vollen Ausschöpfung der körperlichen Leistungsfähigkeit schaffen.

Von der Ausprägung der Motivation hängt die richtige Anwendung von Technikformen ab, die mit einer gewissen Schmerztoleranz verbunden sind. Bei schwierigen Rißklettereien beispielsweise muß ein gewisser Druckschmerz an den Händen in Kauf genommen werden, um die Klettertechnik effektiv einsetzen zu können.

Vor allem in Grenzsituationen kann ein hochmotivierter Kletterer Reserven mobilisieren, die er im normalen Zustand nie nutzen könnte.

Die psychologischen Eigenschaften des Kletterers wirken entscheidend auf die Leistungsfähigkeit beim Freiklettern

Psychologische Routenvorbereitung

Die eigene Steuerung der Motivationsphase sollte das Ziel jedes Kletterers sein. Es kann wesentlich zum Gelingen einer Route beitragen, wenn der Kletterer fähig ist, zum richtigen Zeitpunkt seine Motivation zu kontrollieren.

Bevor der Kletterer in eine Route einsteigt, wärmt er sich auf. Durch das Aufwärmen (vgl. Seite 17) wird nicht nur der Körper optimal auf die bevorstehende Belastung vorbereitet, sondern auch die psychische Leistungsbereitschaft erhöht. Dazu muß der Kletterer jedoch in der Aufwärmphase seine Aufmerksamkeit voll der geplanten Route widmen und sich dabei auf die zu erwartenden Anforderungen konzentrieren. Jede Ablenkung kann für eine negative Leistung mitverantwortlich sein.

In der Motivationsphase vor dem Einstieg in die Route unterscheiden wir folgende Punkte, die bewußt durchdacht werden sollten:

- Einstellen auf den Ort und das Umfeld.
- Einstellen auf den Körper, die Gedanken und Gefühle.
- Einstellen auf das Ziel.
- Einstellen auf die Aufgabe.

Einstellen auf Ort und Umfeld

Dies ist besonders in sehr ausgesetzten Klettergebieten wie z.B. der Verdonschlucht wichtig. Die Lage der Route und die Route selbst dürfen den Kletterer nicht schon vorher abschrecken. Der Kletterer muß sich an Ort und Umfeld gewöhnen, sich positiv auf die Route einstellen, eine spannende Erwartung aufbauen und sich auf die Aufgabe freuen.

Einstellen auf Körper, Gedanken und Gefühle

Der Kletterer muß beim Aufwärmen seine Tagesverfassung feststellen. Durch ein bewußtes Wahrnehmen des Körpers einerseits und der Gedanken und Gefühle andererseits werden störende Einflüsse von außen abgeschirmt. Der Kletterer muß abwägen, welche Gedanken und Gefühle für die Realisation der Route nützlich sein können und andere ausfiltern.

Einstellen auf das Ziel

Der Kletterer muß sich über sein Ziel im klaren sein. Es ist wichtig, daß dieses Ziel zu realisieren ist, d.h. daß es beispielsweise für einen Kletterer, dessen Leistungsgrenze beim siebten Grad liegt, nicht möglich sein wird, eine Route im neunten Grad On Sight zu klettern. Bei eventuell aufkommenden Zweifeln sollen die momentane Leistungsfähigkeit und die Erfahrung gegenübergestellt werden.

Einstellen auf die Aufgabe

Dabei wird der Handlungsplan vor dem Einstieg mehrmals bewußt durchgegangen und eine positive Erwartung auf die Route aufgebaut.

Ausrüstung

In den Regalen der Sporthäuser häufen sich die Artikel. Eine Angebotsflut überschwemmt den Markt, der Käufer blickt kaum noch durch. Im Bergsport ist es nicht anders. Die Entwicklung zum umsatzträchtigen Breitensport haben auch die Hersteller erkannt und buhlen mit immer neueren, farbenfroheren und perfekteren Artikeln um die Gunst der Käufer. Der Vorteil davon ist, daß durch den enormen Konkurrenzkampf der Hersteller kaum mehr minderwertige Ausrüstungsteile auf dem Markt angeboten werden. Der Nachteil ist, daß der wenig erfahrene Käufer ziemlich ratlos vor den Regalen steht und der Beratung von z.T. selbst sehr unerfahrenem Personal ausgeliefert ist. Nicht selten stellt sich bei der ersten Klettertour der vermeintliche Superkauf als kostspieliger Flop heraus.

Wir haben deshalb die wichtigsten Ausrüstungsbereiche herausgegriffen und versuchen mit unseren Erfahrungen die Qual der Wahl beim Ausrüstungskauf zu erleichtern.
Für die technische Ausrüstung, die zur Sicherung im Fels notwendig ist, hat der Sicherheitskreis im Deutschen Alpenverein Industrienormen (DIN), die den UIAA-Normen der internationalen Vereinigung der Bergsteigerverbände angeglichen sind, entwickelt, um so einen Mindestsicherheitsstandard zu erreichen. Die meisten technischen Ausrüstungsgegenstände erfüllen die geforderten Normen, trotzdem sollte der Käufer diese Werte vor dem Kauf überprüfen, weil sich z.T. immer noch Ausrüstung im Handel befindet, die nicht normgerecht ist.

Zusammenstellen der Ausrüstung vor einem Big Wall

Seile

Das Seil hat im modernen Freiklettern einen neuen Stellenwert eingenommen. Stürze sind im Gegensatz zu früheren Jahren nicht mehr tabu, sondern zu einem wichtigen Bestandteil im Freiklettersport geworden.
Zur Überwindung von schwersten Kletterstellen sind oftmals viele kleine Stürze ins Seil notwendig, bevor die richtige Bewegungsabfolge herausgefunden werden kann. Das Seil ist notwendiges Mittel zur Leistungssteigerung und die wichtigste Lebensversicherung des Kletterers.

Technische Anforderungen

An ein Seil werden folgende technische Anforderungen gestellt:
■ Es muß alle Stürze des Kletterers abfangen, ohne zu reißen.

Seile sind die »Lebensversicherung« der Freikletterer

■ Es muß eine gewisse Dehnung aufweisen, um die Kraft, die bei einem Sturz auf den Kletterer einwirkt, abzudämpfen. Diese Dehnung darf andererseits aber auch nicht zu groß sein, um die Sturzstrecke nicht unnötig zu verlängern.
■ Es muß gute Abriebseigenschaften aufweisen, um einen schnellen Verschleiß zu verhindern.

Seilaufbau

Um diese Eigenschaften zu erfüllen, ist ein Seil folgendermaßen aufgebaut: Grundsätzlich unterscheiden wir Seilkern und Seilmantel.
Der Seilkern besteht aus bis zu 100 000 Nylonfasern und ist der tra-

69

gende Teil des Seils. Diese Nylonfasern werden zu Garnen versponnen und diese wiederum zu Litzen, deren Anzahl vom Seildurchmesser bestimmt wird.

Dieser Seilkern ist vom Seilmantel umgeben, der die Aufgabe hat, den Kern vor Abrieb, Staub, Felssplitter und Nässe zu schützen. Er ist der schützende Teil des Seils. Darüber hinaus trägt er zur Reißfestigkeit bei.

Seiltypen

Beim Freiklettern werden verschiedene Seiltypen verwendet. Die folgende Tabelle zeigt Durchmesser, Metergewicht und die wichtigsten Forderungen nach DIN und UIAA-Norm für Seile, die Fangstoßkraft und die Anzahl der bruchfreien Normstürze. Das Einfachseil ist in den letzten Jahren speziell auf die Anforderungen des Freikletterns abgestimmt worden. Dieser Seiltyp eignet sich besonders für Anfänger und für alle Schwierigkeitsbereiche im Mittelgebirge und im Klettergarten. Moderne Einfachseile weisen zwischen sieben und 18 bruchfreie Normstürze auf.

Das Halbseil darf nie beim Klettern als Einfachseil verwendet werden, sondern nur im Doppelstrang. Beide Seilstränge werden wie ein Einfachseil gehandhabt. In diesem Fall spricht man von der Zwillingsseiltechnik. Diesen Seiltyp verwendet man vor allem im Gebirge wegen folgenden Vorteilen:

- Volle Abseillänge, da zwei Seilstränge und dadurch schnellere Rückzugsmöglichkeit.
- Höhere Sicherheitsreserven bei Steinschlag und Sturz über scharfe Felskanten.

Seillänge

Nach unserer Erfahrung hat sich eine Seillänge von 50 bis 60 m für das Einfachseil im Klettergarten und Mittelgebirge bewährt. Ein entscheidender Vorteil liegt darin, daß man den Partner nach einem Sturz kurz vor dem Ausstieg einer längeren Klettergartenroute mit dem restlichen Seil bis zum Boden zurück ablassen kann. Ein zweiter Vorteil ist, daß man auch höhere Routen mit Umlenksicherung, also mit Top Rope, mit einem Seil einrichten kann.

Bei der Verwendung von Einfach- oder Zwillingsseilen im Gebirge ist eine Länge von 50 bis maximal 55 m empfehlenswert. Obwohl der Trend allgemein zu längeren Seilen geht und moderne Gebirgsrouten auf Seillängen um 50 m eingerichtet sind, soll-

Die wichtigsten Seildaten

Seiltyp	üblicher Seildurchmesser	übliches Metergewicht	Fangstoßkraft Norm	bruchfreie Normstürze
Halbseil	8.5– 9.5 mm	46–55 g/m	max. 800 kp	mind. 5
Einfachseil	10.0–11.2 mm	60–85 g/m	max. 1200 kp	mind. 5

te die Länge eines Seiles im Verhältnis zum Gewicht stehen. Die alten Standardseillängen von 40 bis 45 m sind zumindest für das Felsklettern überholt.

Seilimprägnierung

Viele Seilhersteller bieten zum Schutz vor Feuchtigkeit, Nässe und zur Vorbeugung vor schnellem Abrieb eine zusätzliche Seilimprägnierung an. Obwohl diese Seile im Durchschnitt teurer sind, sollte die Preisdifferenz auf jeden Fall in Kauf genommen werden. Die Seilimprägnierung gewährleistet einen wichtigen und wesentlichen Schutz für das Seil.

Lebensdauer

Es gibt für den Bereich Lebensdauer nur Anhaltspunkte. So müssen wir an die Vernunft der Kletterer appellieren, ihr Seil regelmäßig zu untersuchen und bei Beschädigung auszusondern. Ein Seil darf nicht mehr verwendet werden, wenn folgende Beschädigungen auftreten:
- Verletzung des Mantels und/oder des Kerns z. B. durch Steinschlag.
- Starke Abscheuerung des Mantels.
- Nach mehreren harten Stürzen.
- Bei starkem allgemeinen Verschleiß.
Spätestens nach zwei Jahren muß ein Einfachseil, nach drei Jahren ein Zwillingsseil ausgesondert werden, auch wenn es nur selten benützt wurde. Die Gebrauchsdauer kann erheblich kürzer sein, wenn das Seil sehr häufig im Einsatz ist. Profikletterer »verbrauchen« bis zu drei Seile pro Saison.

Seilpflege

Seile nie in Kontakt mit Benzin oder Säuren bringen. Beim Transport im Auto oder auf Reisen hat sich ein Seilsack bestens bewährt. Nasse Seile nicht direkt an der Sonne trocknen. Bei starker Verschmutzung lediglich mit klarem Wasser ausspülen.

Tips zum Kauf

Folgende Punkte sollten beim Kauf eines Seils beachtet werden:
- Das Seil muß eine DIN-Prüfung besitzen.
- Überprüfung der technischen Daten.
- Die richtige Seillänge wählen.
- Auf die Imprägnierung achten.
- Ein weiches Seil wegen der besseren Knotbarkeit und der geringeren Krangelneigung wählen.
- Bei Zwillingsseilen darauf achten, daß die Seilstränge unterschiedliche Farben aufweisen, um sie beim Klettern und Abseilen besser unterscheiden zu können.

Schlingenmaterial

Um einen möglichst reibungslosen Seilverlauf zu gewährleisten, sind Expreß- und Bandschlingen unentbehrlich. Aber auch zur Standplatzbereitung sind Bandschlingen eine unbedingte Voraussetzung.
Unabhängig von Querschnitt, Form und Länge besteht für zusammengenähte Expreß- und Bandschlingen eine DIN- und UIAA-Norm. Sie müssen

eine Mindestreißkraft von 2200 kp aufweisen.

Bei allen zusammengenähten Expreß- oder Bandschlingen müssen die Nähte Kontrastfarben haben, um mögliche Beschädigungen durch Sturz oder Aufscheuerungen besser feststellen zu können. Wir unterscheiden zwei Arten:

- Ringform oder offene Expreßschlinge. Sie wird in Längen zwischen 15 und 130 cm angeboten und hat einen breiteren Anwendungsbereich.
- Schlauchform. Sie ist in Längen von 10 bis 70 cm erhältlich. Diese Schlinge ist in der Mitte zusammengenäht und wird ausschließlich für Zwischensicherungen verwendet.

Verschiedene Expreßschlingen in der Anwendung

Tips zum Kauf

Folgende Punkte sind beim Kauf von Expreß- und Bandschlingen zu beachten:

- Generell sollte darauf geachtet werden, daß schmale Expreßschlingen verwendet werden, da sie den Karabiner günstiger belasten als breites Bandmaterial.
- Weiches Bandmaterial ermöglicht einen besseren Seilverlauf.
- Grundsätzlich sind vernähte Expreß- und Bandschlingen wegen der höheren Festigkeit zu empfehlen.
- Eine Bandschlinge in Ringform mit einer Länge von 130 cm ist für die Standplatzbereitung notwendig.

Anseilgurte

Nachdem in der alpinen Geschichte
die ersten Freikletterer noch direkt mit
dem Seil um den Bauch oder nur mit
einem Brustgurt angeseilt waren, stellten die ersten Sitzgurte schon einen
wesentlichen Beitrag zu mehr Sicherheit und Komfort beim Klettern dar.
Doch auch im Bereich der Anseilgurte
hat sich viel getan, und so existieren
heute folgende verschiedene Gurt-
typen:
- Brustgurt
- konventioneller Sitzgurt
- Hüftsitzgurt
- Kombigurt

Auch die Anseilgurte werden nach
DIN geprüft und sollten beim Kauf
entsprechend ausgewählt werden.
Für das Freiklettern haben sich in der
Praxis nur Brust- und Hüftsitzgurt be-
währt.

Brustgurt in Achterform

Brustgurt

Der Brustgurt wird auf dem Markt in
zwei verschiedenen Formen angeboten:
- Achterform
- Normalform

Da der Brustgurt, sofern er nicht allein
zum Anseilen verwendet wird, heute
kein Sicherheitskriterium mehr darstellt
– er hat nur die Funktion, den Körper
bei Sturz und Hängen vor einem Ab-
kippen nach hinten zu bewahren –,
empfehlen wir aufgrund des geringeren Gewichts in jedem Fall die Achterform, die den Brustkorb diagonal um-
schließt.

Hüftsitzgurt

Mit der fortschreitenden Entwicklung
des Freikletterns in den siebziger Jahren erhielt der konventionelle Sitzgurt,
den Bedürfnissen der Kletterer entsprechend, einen modifizierten Nach-
folger, den sogenannten Hüftsitzgurt.
Dieser ist dem konventionellen Sitzgurt in folgenden Bereichen überlegen:
- Der bei einem Sturz auftretende
  Fangstoß wird vor allem auf die
  Oberschenkel übertragen und nicht
  wie beim konventionellen Sitzgurt,
  auf das Becken. Dadurch erfolgt
  ein automatisches Anhocken der

73

Verschiedene Hüftsitzgurtmodelle

Beine, und der Körper wird in eine ideale Sitzposition gebracht. Die Fangstoßübertragung auf das Becken birgt die Gefahr einer zu großen Wirbelsäulenbelastung durch ein übertriebenes Hohlkreuz (Lordose), was in extremen Fällen auch zu Wirbelbrüchen führen kann.

- Beim Hüftsitzgurt werden im Gegensatz zum konventionellen Sitzgurt keine empfindlichen Körperregionen wie die Leistengegend druckbelastet.
- Der Hüftsitzgurt bietet erheblich mehr Tragekomfort und sitzt am Körper, ohne zu verrutschen.
- Im Gegensatz zum konventionellen Sitzgurt verfügt er über praktische Materialschlaufen, an denen die Ausrüstung aufgehängt werden kann.

Aus diesen Gründen ist der Hüftsitzgurt dem konventionellen Sitzgurt *unbedingt* vorzuziehen.

Größe der Anseilgurte

Die richtige Größe der Anseilgurte läßt sich nur in einem Hängeversuch bestimmen. Dazu benötigt man einen Aufhängepunkt und ein Seilstück, was bei jedem guten Bergsporthändler vorhanden ist.

Der Brustgurt in Achterform wird so gewählt, daß die Anseilschlaufen im unbelasteten Zustand und bei normaler Kleidung ca. 3 Fingerbreit auseinanderliegen. Im Hängeversuch darf kein Druckschmerz unter den Achseln auftreten.

Der Hüftsitzgurt wird so gewählt, daß die Beinschlaufen im Stehen nicht rutschen, andererseits Bewegungen der Oberschenkel nicht behindern. Im Hängeversuch soll er den Körper in eine annähernde Sitzposition bringen. Das Hängen darf keine Druckschmerzen verursachen oder als unangenehm empfunden werden.

Lebensdauer

Sofern die Anseilgurte nicht durch
Scheuerung oder andere mechani-
sche Einflüsse beschädigt werden,
können sie ohne weiteres 5 bis 6 Jahre benutzt werden. Nach einem größeren Sturz empfiehlt es sich, alle
Nähte auf mögliche Anrisse zu überprüfen. Findet sich ein Nahtanriß, so
ist der Anseilgurt unbedingt auszusondern. Von eigenhändigen Reparatu-
ren raten wir ab.

Tips zum Kauf

Folgende Punkte sollten beim Kauf der
Anseilgurte beachtet werden:
- Die Anseilgurte müssen nach DIN
  geprüft sein.
- Wenn der Hüftsitzgurt nicht nur
  zum Felsklettern verwendet wird,
  sondern z. B. auch zum Eisklettern,
  empfiehlt sich u. U. ein verstellbarer
  Hüftsitzgurt.
- Vorhandene Schnallen dürfen nicht
  drücken.
- Die Größe der Anseilgurte muß auf
  jeden Fall in einem Hängeversuch
  bestimmt werden.

Helme

Das Tragen oder Nichttragen eines
Helms beim Freiklettern ist ein brisan-
tes Thema. Schon an den vielen
»helmlosen« Bildern in diesem Buch
kann man erkennen, daß die Notwendigkeit eines Helms, vor allem beim
leistungsorientierten Freiklettern in
Mittelgebirgsrouten, von vielen Kletterern unterschätzt wird.

Wir möchten trotzdem folgende Emp-
fehlung geben, die *jeder* Kletterer
im Interesse seiner eigenen Sicherheit
berücksichtigen sollte:

Ein Helm sollte sowohl im Gebirge
als auch im Klettergarten getragen
werden, da er den Kopf nicht nur
vor Steinschlag, sondern auch bei
Stürzen und dem damit möglichen
Anprallen an der Wand schützt.

Seit 1984 dürfen auf dem deutschen
Markt nur noch Helme angeboten
werden, die die Normforderungen
nach DIN erfüllen. Dazu müssen die
Helme unter anderem ein bestimmtes

Leichtes Helmmodell für das Freiklettern

75

Mindestenergieaufnahmevermögen besitzen, um Kopf und Halswirbelsäule vor Gewalteinwirkungen zu schützen. Die besten Helme erreichen dabei Werte, die dem Aufprall eines 1 kp schweren Steins aus 15 m Höhe entsprechen. Daraus kann man mit wenig Phantasie ersehen, daß das Tragen eines Helms allein noch keine Lebensversicherung darstellt.

Hardware im Big-Wall-Einsatz

Das Energieaufnahmevermögen des Helms wird beeinträchtigt, wenn am Helm Aufkleber befestigt werden oder der Helm bemalt wird. Auch sollten keine zusätzlichen Lüftungslöcher gebohrt werden.

Tips zum Kauf

Beim Kauf eines Helms sollten die folgenden Punkte beachtet werden:
- Der Helm muß *unbedingt* über eine DIN-Prüfung verfügen. Alte, nicht normgerechte Helme sind z. T. aus nicht alterungsbeständigen Kunststoffen gefertigt, die spröd werden und schon bei geringer Stoßeinwirkung brechen. Die DIN-Prüfung gewährleistet zudem eine gut vernietete und rutschfeste Beriemung.
- Auf ausreichende Belüftung achten.
- Ein leichterer Helm ermüdet die Halswirbelsäule nicht so stark und trägt sich angenehmer.
- Helle Helmfarben reflektieren die Sonnenstrahlen besser und vermeiden einen Hitzestau im Helm.

Hardware

Neben den Seilen, den Anseilgurten und den Helmen, gibt es noch weitere Ausrüstungsgegenstände, die entscheidend zur Sicherheit des Kletterers beitragen.
Besonders im Hardware-Bereich – dazu zählen Klemmkeile und Klemmgeräte, Haken, Karabiner und Abseilgeräte – hat sich in den letzten Jahren sehr viel getan. Die Ausrüstung wird zunehmend leichter und erreicht

immer höhere Festigkeitswerte. Sie wird speziell auf die Anforderungen beim Freiklettern abgestimmt.

Auf dem Markt wird eine Vielzahl von Ausrüstungsgegenständen im Hardware-Bereich angeboten, die sich in Form und Aussehen z. T. stark unterscheiden, aber mehr oder weniger den gleichen Zweck erfüllen.

Klemmkeile, Friends und Klemmkeilentferner

In Europa verwendet man Klemmkeile und Friends vor allem als Ergänzung zu schon vorhandenen Zwischensicherungen, aber auch zur Verbesserung von schlecht abgesicherten Standplätzen. Nur wenige Routen werden ausschließlich mit Klemmkeilen abgesichert. Ausgenommen England, wo der Klemmkeil ein wichtiger Bestandteil der Freikletterethik ist.

In Amerika, genauer gesagt im Yosemite Valley, hat sich diese Sicherungsmethode aus der Philosophie des Clean Climbing entwickelt. Diese Idee besagt, beim Klettern keine Spuren zu hinterlassen, die Wiederholer einer Route sollten die gleichen Voraussetzungen antreffen wie der Erstbegeher. Leider hat sich diese Ethik nur in ganz wenigen Klettergebieten halten können. Speziell im Yosemite Valley, wo die Verschneidungen und Risse wie mit einem großen Messer geschnitten wirken, haben sich revolutionäre Neuerungen auf diesem Gebiet entwickelt.

Ray Jardine, ein NASA-Ingenieur und früher einer der führenden Kletterer

Plazieren eines Friends

Amerikas, erfand den Friend. Dabei handelt es sich um ein nach dem Kniehebelprinzip arbeitendes Klemmgerät, das erlaubt, parallele und nach außen offene Risse abzusichern. Mit dem Friend eröffnete Ray Jardine so berühmte Routen wie »Seperate Reality« und »Phoenix«, die lange Zeit zu den schwierigsten der Welt zählten. Obwohl in den Mittelgebirgen ein Großteil der Routen mit Bohrhaken abgesichert ist, gehört eine gut sor-

77

tierte Klemmkeilauswahl zu jeder Kletterausrüstung. In Gebirgsklettereien haben Klemmkeile und Friends ihre Bedeutung vor allem als zusätzliche Sicherungspunkte in schlecht abgesicherten Routen. Nach unzähligen Rißklettereien, die teilweise sehr schmerzhaft und blutig endeten, haben wir die Erfahrung gemacht, daß mit den zwei Klemmkeilarten Rock und Friend 95% aller Anwendungsmöglichkeiten abgedeckt werden können.

Rocks

Dieser Keil ist ein halbmondförmiger Drahtkabelstopper, der für sämtliche Gesteinsarten geeignet ist. Bei richtiger Anwendung bietet er hervorragende Festigkeitswerte, die gut geschlagenen Haken entsprechen. Um einen möglichst breiten Anwendungsbereich zu erfüllen, empfiehlt es sich, alle angebotenen neun Größen beim Klettern mitzuführen.

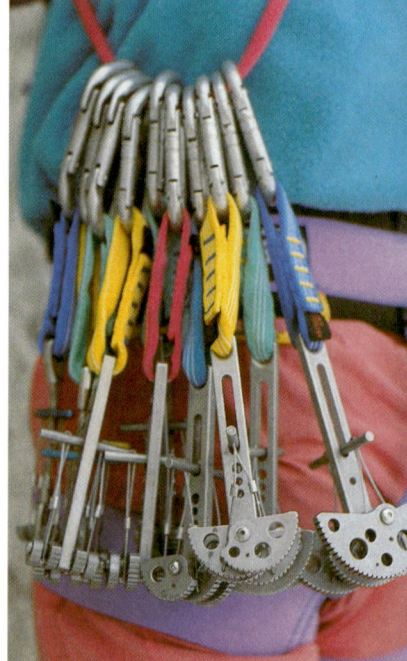

Friends

Rocks

Friends

Unter den vielen Klemmgeräten ist der Friend am universellsten einsetzbar. Mit den acht Größen von 1/2 bis 4 können Rißbreiten von 15 bis 95 mm abgedeckt werden. Bei richtiger Plazierung ist er ebenfalls ein absolut zuverlässiges Sicherungsmittel.

Das sichere Plazieren von Rocks und Friends erfordert viel Übung und Erfahrung. Es sollte immer wieder im Klettergarten geübt werden.

Klemmkeilentferner

Besonders im Gebirge empfiehlt sich
die Mitnahme eines Klemmkeilentfer-
ners. Er ist nicht selten eine wertvolle
Hilfe beim Entfernen von Stoppern,
die in eine ungünstige Rißposition ge-
rutscht, oder für Friends, die durch die
Seilbewegung in den Riß hineinge-
wandert sind. Bestens bewährt hat
sich der Nut Key, weil er sehr leicht ist
und sich problemlos am Gurt tragen
läßt.

Felshaken, Bohrhaken und Felshammer

Neben Klemmkeilen und Klemmgeräten stellen Fels- und Bohrhaken auch
heute noch wichtige Sicherungsmittel
dar.

Felshaken

Für Freiklettereien im Mittelgebirge
sind Felshaken nicht erforderlich. In alpinen Routen im Gebirge jedoch bilden sie eine notwendige Sicherheits-
reserve. Es kann durchaus vorkommen,
daß in Gebirgsrouten Haken an den
Standplätzen fehlen und diese auch
nicht mit Klemmkeilen abgesichert
werden können. Auch bei Rückzügen
aufgrund von Wetterstürzen oder bei
der behelfsmäßigen Bergrettung können Haken lebensrettend sein.
Bei Felshaken unterscheiden wir nach
Form und Anwendung:
- Längshaken
- Querhaken
- Universalhaken

- Ringhaken
- Spachtelhaken
- Winkelhaken
- Profilhaken
- Bonghaken
- reine Fortbewegungshaken

Nach dem *Material:*
- Weichstahlhaken
- Hartstahlhaken

Bei »weichen« Gesteinsarten wie Kalk
oder Sandstein werden Felshaken
aus Weichstahl verwendet, da sie
sich dem Rißverlauf besser anpassen
können.

Gut sortiertes Hakensortiment

79

Bei härteren Gesteinsarten wie Granit oder Urgestein finden vorwiegend Haken aus Hartstahl Anwendung. Hartstahlhaken erreichen höhere Festigkeitswerte.

Zur Mitnahme auf Gebirgsrouten empfehlen wir

in *Granit- oder Urgesteinsrouten:*
- 5 bis 8 Profil- und Querhaken in unterschiedlichen Längen, vorwiegend aus Hartstahl,

in *Kalk- und Sandsteinrouten:*
- gleiches Sortiment überwiegend aus Weichstahl.

Bohrhaken

Bohrhaken dienen zur Absicherung von Freikletterrouten aller Schwierigkeitsbereiche, vor allem im Mittelgebirge. Sie werden an Stellen plaziert, die keine Anwendungsmöglichkeiten für Klemmkeile oder Felshaken bieten. Der Bohrhaken ist aber nicht gleichzusetzen mit hundertprozentiger Sicherheit. Auf dem Markt werden unterschiedliche Modelle mit stark abweichenden Haltekräften angeboten. Besondere Vorsicht ist bei alten Bohrhaken geboten.

Nur wenige Bohrhaken sind in die Bohrlöcher eingeklebt oder aus nichtrostendem Edelstahl und somit witterungsbeständig. Bei der Mehrzahl der verwendeten Bohrhakentypen besteht die Gefahr, daß sie im Bohrloch zu rosten beginnen, was kritisch überprüft werden sollte. Ebenso ist darauf zu achten, daß die Schrauben fest angezogen sind.

Felshammer

Der Felshammer dient zum Ein- und Ausschlagen von Felshaken und Schlagen von Bohrhaken.

Folgende Punkte sollten beim Kauf eines Felshammers beachtet werden:
- Er sollte einen Stahlschaft mit Gummiummantelung besitzen.
- Die Schaftlänge sollte mindestens 28 cm betragen, um ein Aufschlagen der Fingerknöchel am Fels zu vermeiden.
- Der Hammer sollte ein Loch am Schaftende haben, wo eine Sicherungsschnur befestigt wird.

Karabiner

In den letzten Jahren hat man spezielle Karabiner für das Freiklettern entwickelt. Das Angebot ist groß, doch nicht alle Karabiner sind geeignet. Folgende Punkte sollten beim Karabinerkauf beachtet werden:
- Auch für Karabiner gibt es DIN-Prüfungen: Mindestbruchkraft in Längsrichtung 2000 kp, in Querrichtung 600 kp. Die Werte sind in der Querachse des Karabiners eingeprägt.
- Das Gewicht sollte gering sein, da in längeren Seillängen bis zu 30 Karabiner mitgeführt werden müssen.
- Neben den Karabinern, die für die Zwischensicherungen gedacht sind, sollten zur Standplatzbereitung einige größere Karabinertypen mitgenommen werden, die über eine großzügigere Schnapperöffnung verfügen.

- Bei Karabinern mit gebogenen Schnappern besteht die Gefahr des selbständigen Seilaushängens bei einzeln eingehängten Karabinern. Außerdem kann der Karabiner in kleinen Hakenösen nur über die Längsachse verdreht werden.
- Der Schnapper sollte eine starke Feder aufweisen und beim Einrasten in die Rastnase nicht aufkanten.
- Für die Gefährtensicherung wird ein spezieller HMS-Karabiner benötigt, der über eine Verschlußsicherung verfügt.

Abseilachter

Abseilachter sind aus Aluminium oder aus Titan gefertigte Bremsgeräte, die zum Abseilen verwendet werden. Ihre Form garantiert eine ideale Dosierung der Bremskraft beim Abseilen und eine gleichzeitige weitestgehende Schonung des Seils.
Abgewinkelte Formen weisen zwei unterschiedliche Bremsstufen auf und können deshalb dem Durchmesser des Seils entsprechend eingesetzt werden.

Verschiedene Karabinertypen

Abseilachter

Schuhe

Dies ist wohl das schmerzhafteste Kapitel beim Freiklettern. Gerade deshalb und weil viele Kletterer am Anfang nicht wissen, warum sie sich in viel zu enge Schuhe quälen sollen, liegt uns dieses Kapitel besonders am Herzen. Doch eines steht von vornherein fest: Um ein bißchen Zähnezusammenbeißen beim Eintragen Ihrer neuen Kletterschuhe werden auch Sie nicht herumkommen.

Im Bereich der Spezialkletterschuhe haben sich verschiedene Modellarten in den letzten Jahren entwickelt. Die Reibungseigenschaften sind bei den marktführenden Modellen ziemlich die gleichen. Der wesentliche Unterschied liegt im Schuhaufbau.

Schuhtypen

Momentan unterscheiden wir vier verschiedene Schuhtypen:
- steifer Kletterschuh mit hohem Schaft
- steifer Halbschuh
- weicher Halbschuh
- Ballerina

Die richtige Wahl eines Kletterschuhs hat einen wesentlichen Einfluß auf die Fußtechnik, speziell bei Anfängern.

Zweckentfremdete Kletterschuhe

Steifer Kletterschuh mit hohem Schaft

Steifer Halbschuh

Steifer Kletterschuh mit hohem Schaft

Insbesondere dem Anfänger raten wir zu dieser Schuhart aus folgenden Gründen:

- Der höhere Schaft schützt den Knöchel vor dem Anschlagen am Fels bei mangelhafter Fußtechnik.
- Durch die höhere Steifigkeit erhält der Schuh eine bessere Seitenstabilität. Dadurch ist ein wesentlich kraftsparenderes und sauberes Stehen auf kleinen Tritten und in Löchern möglich als mit den folgenden Schuhtypen.

Steifer Halbschuh

Dieser Schuh hat den Vorteil, daß durch den niedrigen Schaft das Drehen des Fußes in alle Richtungen uneingeschränkt möglich ist. Der steife Halbschuh kann dem Kletterer empfohlen werden, der schon über eine saubere Fußtechnik verfügt.

Weicher Halbschuh

Falls der Kletterer im fortgeschrittenen Stadium festgestellt hat, ein besseres Felsgefühl in einem weicheren Schuh entwickeln zu können, ist diese Schuhart ein idealer Kompromiß. Er erlaubt es, kraftsparender auf kleinen Tritten zu stehen als mit dem Ballerina und ermöglicht trotzdem eine aggressive Klettertechnik auf Reibungstritten.

Weicher Halbschuh

83

Ballerina

Ballerina

Wir behaupten, daß diese Schuhart für den Anfänger ungeeignet ist. Der Ballerina erfordert sehr viel Kraft, da ein längeres Stehen auf kleinsten Tritten nahezu unmöglich wird. Die Anwendungstechnik basiert darauf, daß Felsunebenheiten auf Reibung angetreten werden, die für einen festeren Schuh fast keinen Halt mehr bieten. Durch ständiges Klettern mit dem Ballerina verliert der Kletterer mit der Zeit das Auge für gezielt einsetzbare Trittmöglichkeiten, die eine kraftsparendere Klettertechnik ermöglichen würden. Natürlich gibt es in den obersten Schwierigkeitsbereichen Situationen, bei denen ein Ballerina durchaus von Vorteil sein kann. Daher schwören manche Spitzenkletterer auf dieses Schuhmodell.

Der Freikletterer sollte sich auf einen bestimmten Schuh festlegen, da ein ständiger Wechsel zwischen den verschiedenen Schuharten das Entwickeln einer stabilen Klettertechnik beeinträchtigt.

Paßform und Größe

Von der riesigen Auswahl auf dem Kletterschuhmarkt darf man sich nicht verunsichern lassen. Besonders nicht bei der Suche nach der richtigen Paßform. Egal, für welche Herstellerfirma man sich am Ende entscheidet, wichtig ist das ganz persönliche Gefühl, wie der Schuh sitzt.

Kletterschuhe müssen sehr eng sitzen, um eine feste Verbindung vom Fuß zur Sohle herzustellen. Daher werden Kletterschuhe kleiner gekauft als normale Schuhe. Der überwiegende Teil der angebotenen Schuhe wird aus Leder hergestellt, das generell eine halbe Nummer nachdehnt. Bei Schuhen aus Leinen oder Cordura trifft der Nachdehneffekt nicht in dem Umfang zu. Diese Kletterschuhe werden zwar mit der Zeit weicher, dehnen sich aber nicht so weit aus wie ein Lederschuh.

Tips zum Kauf

Im folgenden geben wir Tips für den Kauf von Kletterschuhen aus Leder:

■ Barfuß den Schuh anprobieren, um bei starkem Ausdehnen mit einer Socke ausgleichen zu können.
■ Die Zehen müssen vorne anstoßen und die Schuhspitze voll ausfüllen.
■ Bei festgeschnürten Schuhen dürfen die Ösen keinesfalls überlappen, sondern sollten mindestens eine Fingerbreite auseinanderliegen.

- Darauf achten, daß sich der Druck gleichmäßig auf den ganzen Fuß verteilt. Einzelne Druckstellen unbedingt vermeiden.
- Einen Schuh mit niedriger Spitze wählen. Das erleichtert das Einführen in enge Risse und kleine Löcher.

Der Fortgeschrittene wird im Laufe der Zeit nicht umhin können, sich mehrere Schuhe unterschiedlicher Größe anzuschaffen. Bei sehr schwierigen Sportkletterrouten empfiehlt es sich, die Schuhe so eng zu wählen, daß man barfuß mit angezogenen Zehen gerade noch hineinkommt. Damit wird eine optimalere Paßform nach dem Eintragen erreicht.

Tips zum Eintragen

- Den Schuh nicht sofort im Fels einklettern.
- Den Schuh erst auf der Straße oder in der Wohnung einlaufen, bis man das Gefühl bekommt, daß er ein bißchen weicher geworden ist.
- Erst dann in leichteren Routen mit betontem Fußeinsatz einklettern.

Ob barfuß oder mit Socken in die Kletterschuhe hängt von Einsatzbereich, Schwierigkeit und Außentemperatur ab

Sicherheit

Daß dieses Kapitel ohne Zweifel in das Buch gehört, war uns von vornherein klar. Doch möchten wir schon am Anfang darauf hinweisen, daß in diesem Rahmen nur die wichtigsten Aspekte der Sicherheit beim Freiklettern angesprochen werden können. Kein Freikletterer wird ein sicheres Verhalten allein mit dem Lesen eines Buches erlernen können. Viel wichtiger erscheint uns die praktische Anwendung der Theorie und der häufige Umgang mit der sicherungstechnischen Ausrüstung. Ein angemessenes Sicherheitsempfinden hängt entscheidend von der Erfahrung des einzelnen Kletterers ab, und deshalb kann der beste Rat nur der sein, oft in verschiedenen Gebieten auf unterschiedlichen Routen zu klettern. Wer häufig in eine Situation kommt, in der er sich eingestehen muß, daß er einen gutmütigen Schutzengel gehabt hat, sollte vielleicht umdenken und sein Sicherheitsverhalten kritisch überprüfen. Anfängern empfehlen wir, besonders kritisch gegenüber angeblichen »Fachmännern« zu sein. Deshalb ist es in der Regel besser, einen Grundkurs im Felsklettern bei einer wirklich qualifizierten Person zu absolvieren. Zu oft haben wir im Gebirge beobachtet, wie, von der Bewältigung des Schwierigkeitsgrades her betrachtet, leistungsstarke Freikletterer mit haarsträubender Lässigkeit beim Sichern vorgehen und sich der möglichen Gefahren nicht bewußt sind.

Das soll keineswegs schulmeisterlich verstanden werden, doch könnten unserer Meinung nach einige Unfälle vermieden werden und auch mancher unserer besten Freunde noch leben, wenn gerade dieser Bereich in der Ausbildung jedes Kletterers entsprechend der Problematik berücksichtigt würde.

Anseilmethode

Gerade was das Anseilen betrifft, werden beim Freiklettern, z. T. aus Unwissenheit, aber auch aus einer Fehleinschätzung der möglichen Risiken, Fehler gemacht, die zu fatalen Unfällen führen. In den europäischen Klettergebieten, die Alpen mit eingeschlossen, sind bis heute 14 Unfälle mit tödlichem Ausgang bekanntgeworden, die auf die Wahl der falschen Anseilmethode zurückzuführen sind. Grundsätzlich unterscheidet man zwei verschiedene Anseilmethoden:
● Brust- und Hüftgurtmethode
● Hüftanseilmethode
Dem Namen entsprechend wird bei der Brust- und Hüftgurtmethode sowohl mit Brust- als auch mit einem Hüftsitzgurt angeseilt, bei der Hüftanseilmethode dagegen ausschließlich mit einem Hüftsitzgurt.
Oft hört man von einigen Kletterern pauschale Aussagen, daß das Anseilen nur mit einem Hüftsitzgurt beim Freiklettern generell anzuraten ist, von anderen wieder, daß man von der Hüftanseilmethode auf jeden Fall abraten muß. So einfach jedoch ist die Frage nach der richtigen Anseilmetho-

de nicht zu beantworten. Wir wollen deshalb beide Methoden in der Sturzsituation gegenüberstellen, um zu einer objektiven Aussage zu kommen.

Kontrollierter und unkontrollierbarer Sturz

Ein kontrollierter Sturz, den der Kletterer in aufrechter Körperposition überstehen kann, ist möglich, wenn folgende Voraussetzungen zutreffen:

- Der Kletterer muß mit dem Sturz rechnen und bewußt abspringen.
- Er muß über eine gewisse Erfahrung aus einem Sturztraining verfügen.
- Es müssen absolut zuverlässige Zwischensicherungen vorhanden sein.
- Geringe Sturzhöhe.
- Fester Fels, der überraschende Stürze wegen Ausbrechen von Griffen und Tritten ausschließt.
- Steiles Sturzgelände, das einen annähernd freien Fall ermöglicht.

Bei vielen Stürzen im Klettergarten werden diese Voraussetzungen erfüllt. In diesen Fällen ist ein kontrolliertes Stürzen möglich.

Wenn nur einer der nachstehenden Umstände zutrifft, ist ein Sturz nicht mehr kontrollierbar. Der Kletterer kann dabei in eine Körperposition kommen, die er während des freien Falls nicht mehr korrigieren kann. Diese Umstände sind:

- Der Kletterer stürzt überraschend, z. B. wegen Ausbrechen eines Griffs oder wegen Steinschlags.
- Schlechte Zwischensicherungen.
- Große Sturzhöhe.
- Brüchiger Fels.

Kontrollierter Sturz

- Geneigtes oder gestuftes Sturzgelände.
- Tragen eines Rucksacks.

Die überwiegende Zahl der Stürze im alpinen Gelände im Gebirge, aber auch ein Teil im Klettergarten sind solche unkontrollierbaren Stürze.

Brust- und Hüftgurtmethode

Der Hüftsitzgurt in Verbindung mit dem Brustgurt stellt sowohl bei einem kontrollierten Sturz als auch bei einem unkontrollierbaren Sturz die sicherste Anseilmethode dar.

Der Anseilpunkt befindet sich unter Belastung, d. h., wenn man im Seil hängt auf der Höhe des Brustbeines. Dadurch kommt der Körper beim Abfangen eines Sturzes, auch wenn er sich dabei in einer ungünstigen Körperlage befindet, von allein in eine aufrechte Position.

Die ideale Verbindung von Hüftsitz- und Brustgurt wird mit einer Bandschlinge hergestellt, die in Form eines Achters in Brust- und Hüftgurt eingeknotet wird. Das Bandschlingenmaterial dieser Achterschlinge sollte über mindestens 2000 kp Bruchlast verfügen.

Das Anseilen mit der Brust- und Hüftgurtmethode

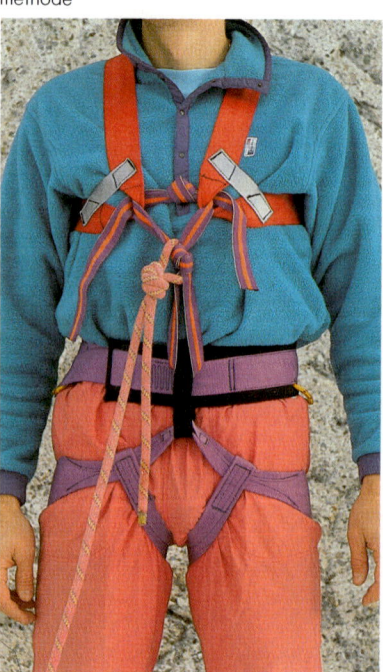

Hüftanseilmethode

Die alleinige Verwendung eines Hüftsitzgurts beim Anseilen kann nur toleriert werden, wenn der Sturz kontrolliert werden kann, sich der Körper beim Abfangen des Sturzes also schon in aufrechter Position befindet.

Da sich der Anseilpunkt auf Höhe des Körperschwerpunkts, also ungefähr in Bauchnabelhöhe befindet, kippt der Kletterer, wenn er sich bei einem unkontrollierbaren Sturz in einer ungünstigen Körperlage befindet, durch das Einwirken des Fangstoßes am Hüftsitzgurt und der Schwerkraft des Oberkörpers nach hinten ab.

Abhängig von Sturzhöhe und Körperlage können Verletzungen von Wirbelsäulendeformationen bis hin zu Wirbelsäulenbrüchen auftreten. Einige Kletterer erlitten Schädeltraumen, verursacht durch das Anprallen an der Wand aufgrund der extremen Schleudereffekte. In seltenen Fällen traten auch Rippenbrüche und als zusätzliche Gefahr ein Rutschen aus dem Hüftsitzgurt auf.

Wenn trotzdem die meisten Kletterer der oberen Schwierigkeitsbereiche in den Klettergartenrouten die Hüftanseilmethode bevorzugen, so sollte bedacht werden, daß die Voraussetzungen in den schweren Routen in den meisten Fällen einen kontrollierten Sturz erlauben und diese Kletterer über eine große Erfahrung im Sturzverhalten verfügen. Entsprechend sind keine schweren Unfälle von Hochlei-

Das Anseilen mit der Hüftanseilmethode

stungskletterern, die auf die Hüftanseilmethode zurückzuführen wären,
bekannt. Vor der unkritischen Nach-
ahmung dieses Anseilverhaltens durch
Anfänger möchten wir nochmals ein-
dringlich warnen.

Sicherungstechnik

Die Sicherungstechnik behandelt alle
Maßnahmen, die für die Sicherung
einer Seilschaft beim Klettern notwendig sind.

Knoten

Als Grundlage für die Sicherungstechnik benötigen wir einige Knoten. Dabei haben wir bewußt nur die wichtigsten Knoten aufgeführt, die aber für
alle Praxissituationen mit Ausnahme
der behelfsmäßigen Bergrettung ausreichend sind. Andere Knoten für die
beschriebenen Anwendungsbereiche
beinhalten z. T. Gefahren und sollten
deshalb nicht mehr verwendet werden.

Zum Einbinden in das Seil verwenden
wir den *gesteckten Sackstich.* In ge-
knüpfter Form wird er in besonderen
Fällen auch zur Selbstsicherung am
Standplatz angewendet.

Mit dem *Bandschlingenknoten* wird
Flach- oder Schlauchbandmaterial
verknüpft. Hierfür darf kein anderer
Knoten verwendet werden.

Gesteckter   Bandschlingen-
Sackstich   knoten

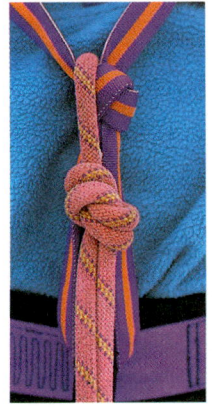 

Für die Selbstsicherung am Standplatz benötigen wir den *Mastwurf*.

Für die Gefährtensicherung setzen wir den *Halbmastwurf* ein, der strenggenommen kein Knoten, sondern eine Bremsschlinge ist. Der Halbmastwurf darf ausschließlich in Verbindung mit einem sogenannten HMS-Karabiner verwendet werden, da sonst die Funktion der Gefährtensicherung beeinträchtigt werden kann.

Der *Ankerstich* ist ein einfacher Klemmknoten zur Anbringung einer verrutschsicheren Schlinge.

Der *Prusikknoten* findet vor allem im Bereich der behelfsmäßigen Bergrettung seine Anwendung. Wir führen ihn auf, da wir ihn zur Selbstsicherung beim Abseilen verwenden.

Für alle Knoten gilt, daß sie absolut sicher und auch in Streßsituationen beherrscht werden müssen. Deshalb oft genug üben und automatisieren. Alle Knoten werden nach dem Knüpfen mit Handkraft festgezogen. Besonders bei neuen Seilen und Bandschlingen empfehlen wir, die Knoten mehrmals zu überprüfen, da sie sich wegen der Imprägnierung leicht von selbst lösen können. Die freien Enden sollten so lang sein wie der zehnfache Seildurchmesser, die Bandenden ungefähr so lang wie die fünffache Bandbreite. Das Reepschnur- oder Seilmaterial sollte sich im Knoten nicht überkreuzen.

Da das Seil bzw. die Reepschnüre und Bandschlingen im Knoten geknickt werden, ist die Bruchlast eines Knotens nur etwas mehr als die Hälfte der Bruchlast des gleichen Materials ohne Knoten. Trotzdem braucht kein Kletterer einen Seilriß im Anseilknoten zu befürchten, da die Bruchlastwerte der Seile enorme Sicherheitsreserven aufweisen.

| Mastwurf | Halbmastwurf | Ankerstich | Prusikknoten |

Der letzte Blick vor dem Einstieg in eine Route gilt immer dem Anseilknoten.

Selbstsicherung

Die Selbstsicherung ist die erste Sicherungsmaßnahme am Standplatz und dient, wie der Name schon sagt, zur eigenen Sicherung. Das Seil wird mit einem Mastwurf, in besonderen Fällen mit einer Sackstichschlinge, am Sicherungspunkt in einem Karabiner fixiert. Der Seilabstand vom Anseilknoten zum Selbstsicherungsknoten sollte ein einwandfreies Arbeiten am Standplatz ermöglichen, jedoch eine Länge von 1 m nicht überschreiten. Dabei hat der Mastwurf den Vorteil, daß die Länge der Selbstsicherung verändert werden kann, ohne daß die Sicherung aufgegeben wird.

Selbstsicherung

Gefährtensicherung

Gefährtensicherung

Beim Abfangen eines Sturzes entsteht je nach Sturzsituation, die vor allem von der Sturzhöhe und der Länge des ausgegebenen Seils abhängig ist, eine Kraft, die man als *Fangstoßkraft* bezeichnet. Sie wirkt auf alle Glieder der Sicherungskette, den stürzenden Kletterer eingeschlossen. Wird ein Sturz durch ein Blockieren des Seils, also statisch gehalten, entstehen im ungünstigsten Fall – das sind große Sturzhöhe und wenig Seil, das mit seiner Dehnung einen Teil der Fangstoßkraft vernichten kann – Kräfte, die einen Wert von 1000 bis 1200 kp er-

91

reichen. Einer derartigen Belastung können die meisten Sicherungspunkte nicht standhalten, und auch für den stürzenden Kletterer kann dies fatale Folgen haben.

Aus diesem Grund benötigt man beim Klettern eine Sicherungsmethode zur Gefährtensicherung, die dynamisch wirkt, deren Bremskraft eine zu große Belastung der Sicherungskette vermeidet und andererseits trotz der dynamischen Wirkung die Sturzstrecke nicht unnötig verlängert.

Außerdem muß die Gefährtensicherung Bedienungsfehler in Gefahrensituationen ausschließen, d. h. ihre Bedienung muß einfach sein und darf höchstens auf Reflexbewegungen aufbauen.

Diese Forderungen werden nur von der Halbmastwurfsicherung, die vereinfacht auch als HMS bezeichnet wird, erfüllt. Die HMS wird deshalb auch als optimierte Sicherung bezeichnet.

Zur Sicherung des Gefährten wird beim Klettern ausschließlich die Halbmastwurfsicherung (HMS) verwendet.

Um die dynamische Wirkung der HMS zu gewährleisten, sollte immer eine *Bremsreserve* vorhanden sein, d. h. das Seil sollte nie ganz ausgegangen werden.

Obwohl die Bedienung der HMS sehr einfach ist, empfehlen wir trotzdem jedem Anfänger, sich mit den wichtigsten Handgriffen in der praktischen Übung vertraut zu machen, bevor zum ersten Mal der Seilpartner gesichert wird.

Der Halbmastwurf wird in den HMS-Karabiner eingehängt. Es darf kein anderer Karabiner verwendet werden, da sonst die Funktion der HMS beeinträchtigt ist und sich die Bremskraftwerte gefährlich verändern können. Die Hände befinden sich jeweils links und rechts des HMS-Karabiners am Seil und geben das Seil aus bzw. holen es ein.

Die Hand am Seil, das zum Partner führt, ist die *Führungshand,* die das Seil beim Ausgeben bzw. Einholen führt.

Die andere Hand ist die *Bremshand,* die den Sturz durch Halten des Seils abfängt. Dies wird in der Bedienung der HMS berücksichtigt, indem die Bremshand das Seil niemals losläßt. Da sich die Bremskraft bei der HMS selbsttätig einstellt, ist keine besondere Kraft notwendig, um Stürze, auch von schwereren Kletterern, zu halten. Voraussetzung ist aber die richtige Bedienung.

Standplatzbereitung

Die Standplatzbereitung ist das wohl am schwierigsten in der Theorie zu erfassende Kapitel der Sicherungstechnik. Da vom Standplatz die Sicherung der gesamten Seilschaft abhängt, hat er in der Sicherungstechnik eine zentrale Bedeutung.

Selbst- und Gefährtensicherung dürfen nur an einem absolut sicheren Standplatz erfolgen.

Standplatz an einem Fixpunkt

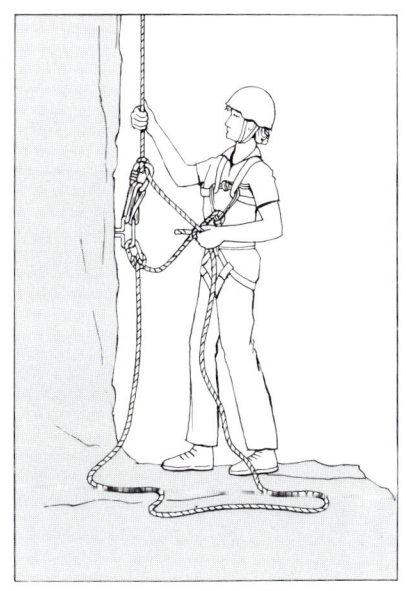

Dieser einfache Grundsatz ist aber in der Praxis, vor allem in alpinen Routen im Gebirge, nicht immer so einfach zu realisieren. Auch kann unserer Meinung nach die in vielen Lehrbüchern als allein seligmachend dargestellte Standplatzbereitung über ein Kräftedreieck nicht alle Praxissituationen abdecken. Wir wollen deshalb mehrere Möglichkeiten, die sich in der praktischen Anwendung bewährt haben und als repräsentativ gelten, vorstellen.

Bei einem sicheren Standplatz ist vor allem der Aspekt der Gefährtensicherung von Bedeutung, da bei einem Sturz unterschiedliche Belastungskräfte und -richtungen auftreten können, je nachdem, ob der Gestürzte im Nachstieg oder im Vorstieg geklettert ist und ob er Zwischensicherungen eingehängt hat oder nicht.

> Die Gefährtensicherung am Standplatz erfolgt in jedem Fall als Fixpunktsicherung, da die Sicherung über den Körper größte Gefahren beinhaltet.

Dieser Grundsatz kann nur durchbrochen werden, solange sich der Sichernde am Wandfuß befindet, wo unter gewissen Voraussetzungen über den Körper gesichert werden darf. Diese Situation wird ebenfalls besprochen.

Standplatz an einem Fixpunkt

Hat man am Standplatz einen hundertprozentigen Fixpunkt zur Verfügung, so kann dieser allein zur Sicherung verwendet werden. Ein hundertprozentiger Fixpunkt sind z.B. ein geklebter oder zementierter Sicherheitshaken, eine gewachsene Sanduhr oder ein solider Baum.

An einem Haken wird der Selbstsicherungskarabiner direkt in die Öse oder den Ring gehängt, der HMS-Karabiner dagegen in eine kurze, doppelt genommene Schlinge. Damit wird ein eventuelles Blockieren der HMS an der Felsoberfläche verhindert. Bei Sanduhren oder Bäumen wird eine Bandschlinge mittels Ankerstich eingehängt, in die man Selbst- und Gefährtensicherung befestigt.

93

Standplatz an zwei oder drei Fixpunkten mit Kräftedreieck

Sind am Standplatz keine hundertprozentigen Fixpunkte vorhanden, was im Gebirge die Regel, in Klettergärten oft der Fall, müssen mehrere Fixpunkte zu einem Standplatz verbunden werden. Oft erfordert dies auch das Anbringen eigener Fixpunkte, um so die Sicherheit des Standplatzes zu erhöhen. Nicht immer sind alte Haken zuverlässig genug, und deshalb raten wir, diese besonders kritisch zu überprüfen.

Mehrere Fixpunkte verbindet man mit einer Ausgleichsverankerung, dem sogenannten Kräftedreieck, das die Belastungskräfte gleichmäßig auf die einzelnen Fixpunkte verteilt. Dazu benützen wir eine lange Bandschlinge mit mindestens 2000 kp Bruchlast. Die folgenden Abbildungen zeigen, wie der HMS-Karabiner, über den die Gefährtensicherung erfolgt, bei zwei bzw. drei Fixpunkten in die Bandschlinge eingehängt wird.

Einhängen des HMS-Karabiners in das Kräftedreieck

Dabei ist der Belastungswinkel des Kräftedreiecks entscheidend. Dieser darf nicht zu groß werden, da sonst die Teilkräfte auf die einzelnen Fixpunkte den Wert der Gesamtkraft erreichen und sogar noch größer werden können. Damit würde eine Ausgleichsverankerung ihren Sinn verlieren.

Der Belastungswinkel des Kräftedreiecks sollte 60° nicht überschreiten.

In der umseitigen Abbildung werden die Teilkräfte bei verschiedenen Belastungswinkeln dargestellt.

Die Selbstsicherung wird beim Standplatz mit Kräftedreieck in den Fixpunkt gehängt, der am sichersten erscheint.

Standplatz mit Kräftedreieck nach unten abgesichert

Die unterschiedlichen Belastungsrichtungen, die bei einem Sturz am Standplatz durch die Gefährtensicherung auftreten können, verlangen, daß der Standplatz je nach Sturzsituation nicht nur nach unten,

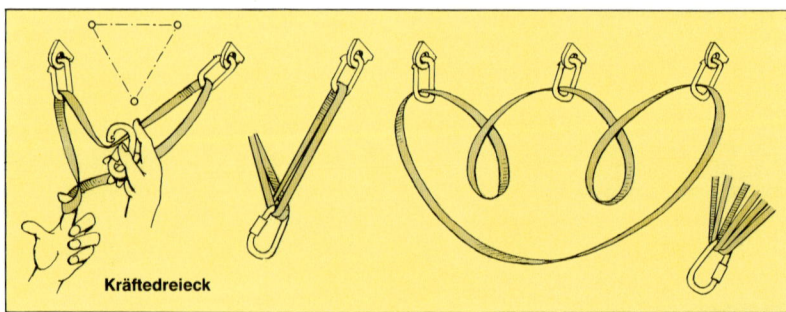

Kräftedreieck

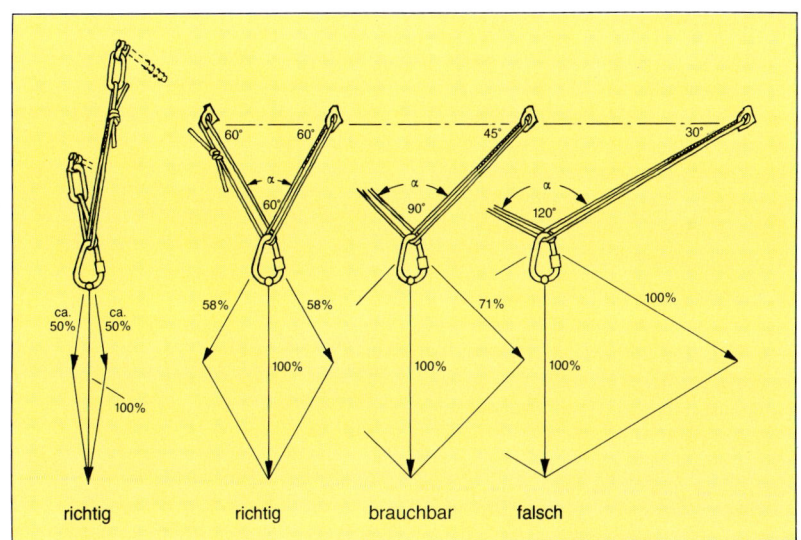

richtig   richtig   brauchbar   falsch

Teilkräfte bei verschiedenen Belastungswinkeln

sondern auch nach oben und zur Seite halten muß. Da gerade bei der Standplatzbereitung vor allem im Gebirge vermehrt mit Klemmkeilen gearbeitet wird, tritt oft der Fall auf, daß der Standplatz nur nach unten belastet sicher ist, nach oben belastet jedoch keineswegs als solches bezeichnet werden kann. Bei einem Sturz des Vorsteigers und gleichzeitig eingehängter Zwischensicherungen hat dies fatale Folgen. Überdies verlängert sich durch das Umschlagen des Kräftedreiecks die Sturzstrecke. Wir müssen deshalb in diesen Fällen unseren Standplatz nach unten absichern.

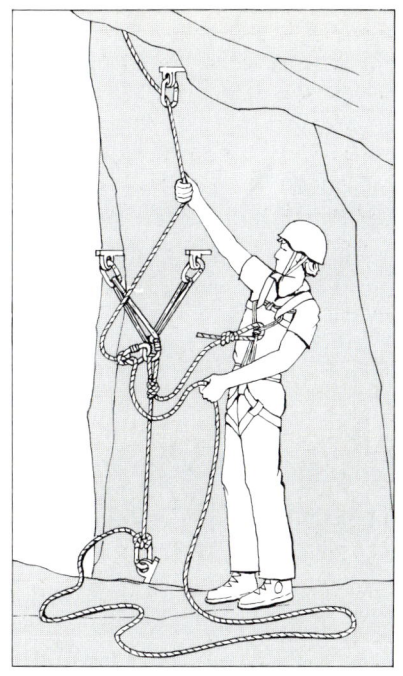

Standplatz mit Kräftedreieck nach unten abgesichert

95

Dies geschieht, indem wir in das Kräftedreieck einen Schraubkarabiner hängen, an dem wir die Selbstsicherung mit einer geknüpften Sackstichschlinge einhängen. Damit haben wir einen *zentralen Sicherungspunkt*. Nun verspannen wir entweder das Kletterseil nach unten zu dem entgegengerichteten Fixpunkt oder verspannen den zentralen Sicherungspunkt und den Fixpunkt mit einer Zusatzschlinge. Damit ist das Kräftedreieck nach unten abgesichert. Den HMS-Karabiner für die Gefährtensicherung hängen wir entweder in den Schraubkarabiner auf den Schenkel, der dem Schnapper gegenüberliegt, oder in die Sackstichschlinge.

Standplatz mit großem horizontalen Abstand der Fixpunkte

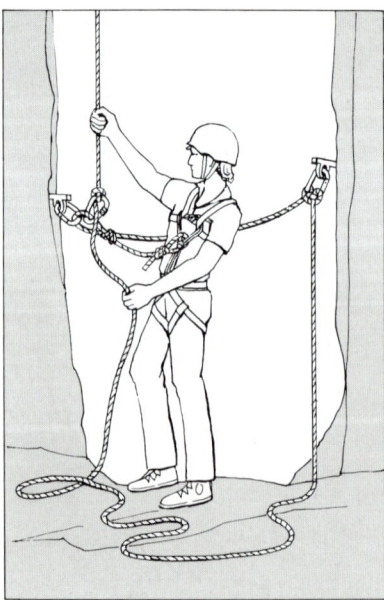

Ein weiterer erwähnenswerter Vorteil eines nach unten abgesicherten Kräftedreiecks ist, daß die Bedienung der HMS wesentlich erleichtert wird und man dem Vorsteiger schnell Seil ausgeben kann, ohne daß sich durch das Ausweichen des HMS-Karabiners nach oben Probleme in der Bedienung ergeben.

Standplatz mit großem horizontalen Abstand der Fixpunkte

Aus der Forderung, daß der Belastungswinkel des Kräftedreiecks 60° nicht überschreiten darf, ergeben sich häufig Probleme bei Fixpunkten, die einen großen horizontalen Abstand aufweisen. Wir benötigen deshalb eine Methode, die weit auseinanderliegenden Fixpunkte sicher zu verbinden.
Dazu hängen wir in den besten Fixpunkt unsere Selbstsicherung wiederum mit einer geknüpften Sackstichschlinge. Die lockere Verbindung zum nächsten Fixpunkt stellen wir entweder mit dem Kletterseil oder einer langen Bandschlinge her. Dementsprechend wird dieses Verfahren auch als *Reihenschaltung* bezeichnet.
Der HMS-Karabiner zur Gefährtensicherung wird in die Sackstichschlinge gehängt.
Diese Methode sollte jedoch nur angewendet werden, wenn der Fixpunkt, an dem auch die HMS erfolgt, wirklich sicher erscheint, da ein Ausbrechen dieses Fixpunktes böse Folgen haben kann.

Standplatz mit großem vertikalen Abstand der Fixpunkte

Bei großem vertikalen Abstand der Fixpunkte ergibt sich, sofern die Belastungsrichtung nicht seitlich erfolgt, meist kein ungünstiger Belastungswinkel, dafür aber eine andere Problematik. Bei einem Sturz des Vorsteigers wird dem Sichernden, da der HMS-Karabiner sehr weit nach oben ausweichen kann, das Seil aus der Bremshand gerissen. Das kann aufgrund der instinktiven Reaktion auf den Schmerz zu einem Loslassen des Seils führen. Zumindest jedoch verlängert sich die Sturzstrecke des Vorsteigers, und der Halbmastwurf kann für das eventuell notwendige Fixieren des Gestürzten schwer erreichbar sein.
Diesen Nachteilen kann man sehr einfach begegnen, indem man die Bandschlinge des Kräftedreiecks kurz oberhalb des HMS-Karabiners abbindet. Die Selbstsicherung kann dabei wieder in den Fixpunkt eingehängt werden, der am sichersten erscheint.

Gefährtensicherung ohne Standplatz

Wie bereits erwähnt, kann unter bestimmten Voraussetzungen eine Sicherung des Partners über den Körper ohne Standplatz erfolgen. Man beobachtet diese Sicherungsmethode oft in Klettergärten, denn dort hat sie besonders in den Routen der oberen Schwierigkeitsbereiche, aber auch als

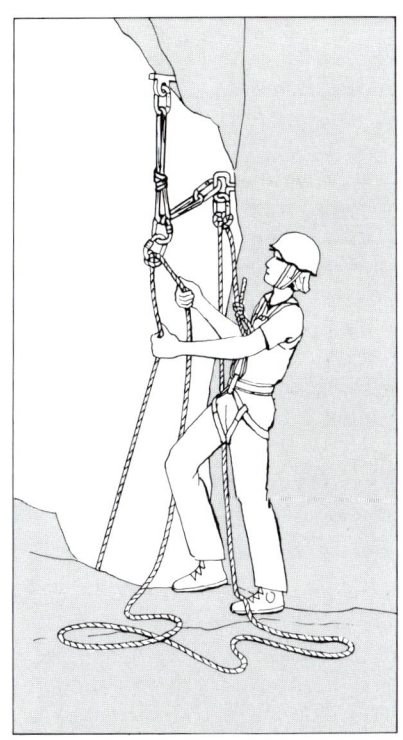

Standplatz mit großem vertikalen Abstand der Fixpunkte

Sicherungsmethode für das Klettern mit Seilumlenkung, dem Top-Rope-Klettern, eine besondere Bedeutung.
Vorteile dieser Methode sind vor allem die Möglichkeit eines genauen Sicherns und ein schnelles Ausgeben und Einholen des Seils.
Bei der Gefährtensicherung am Körper wird der HMS-Karabiner in die Schlaufe am Hüftsitzgurt bzw. in die Achterschlinge zwischen Brust- und Hüftsitzgurt eingehängt.
Eine Selbstsicherung erfolgt nicht.

97

Um diese Methode anwenden zu können, müssen folgende Voraussetzungen zutreffen:

- Der Sichernde muß am Wandfuß, in möglichst flachem, nicht absturzgefährdetem Gelände stehen.
- Für den Sichernden darf keine Gefahr bestehen, hochgezogen zu werden oder schräg wegzupendeln.
- Der Sichernde darf nicht wesentlich leichter als der Kletternde sein.
- Geringer Abstand der Zwischensicherungen, wenn der Kletternde vorsteigt, d. h. es dürfen keine zu weiten Stürze entstehen.

Zwischensicherungen

Die Zwischensicherungen haben die wichtige Aufgabe, die Sturzhöhe des vorsteigenden Kletterers zu reduzieren. Aber auch dem nachsteigenden können sie weite Pendelstürze in Quergängen ersparen. Als Zwischensicherungen können künstliche und natürliche Sicherungspunkte dienen. *Künstliche Sicherungspunkte* beim Freiklettern sind Felshaken, Bohrhaken, Klemmkeile und Klemmgeräte (vgl. Seite 76 ff.).
Als *natürliche Sicherungspunkte* können vor allem Sanduhren, Felszacken und -köpfe, natürliche Klemmblöcke und Bäume genutzt werden. Das situative Erkennen und Nutzen von Zwischensicherungsmöglichkeiten ist wiederum stark von der Erfahrung des Kletterers abhängig und sollte deshalb laufend geübt werden. Bei entsprechender Routine im Anbringen

Gefährtensicherung ohne Standplatz

von Zwischensicherungen steht mehr Zeit zum Klettern zur Verfügung und ermöglicht damit einen flüssigen und harmonischen Bewegungsablauf.
Eine Überlegung im Zusammenhang mit der Belastung von Zwischensicherungen sollte jedem Kletterer bekannt sein:
Bei einem Sturz greifen an der Zwischensicherung immer zwei Einzelkräfte an, nämlich die Fangstoßkraft des Stürzenden auf der einen und die notwendige Gegenkraft des Sichernden, die den Sturz bremst, auf der anderen Seite. Die Zwischensicherung, an der das Seil bei einem Sturz umgelenkt wird, wird also immer mit einem Mehrfachen der Fangstoßkraft belastet. Auch hier wird die Notwendigkeit einer dynamisch wirkenden Gefährtensicherung deutlich. Bei einem dynamisch gebremsten Sturz wirkt aber dennoch auf die Zwischensicherung eine Gesamtkraft, die annähernd so hoch ist wie die zweifache Fangstoßkraft. Dies sollte sich jeder Kletterer vergegenwärtigen und vielleicht den heißgeliebten Klemmkeil mit der 5-mm-Reepschnurschlinge aussortieren.
Beim Anbringen von Zwischensicherungen sind folgende Punkte zu beachten:

- Die Zahl der Zwischensicherungen in einer Seillänge richtet sich nach der subjektiven Einschätzung des Vorsteigers. Trotzdem sollten zwei bis drei Zwischensicherungen in je-

Einhängen einer Zwischensicherung aus
schwieriger Kletterstellung

der Seillänge angebracht werden,
die erste so bald als möglich über
dem Standplatz.

- Wird das Seil in Ausnahmefällen
voll ausgegangen, d. h. auch die
notwendige Bremsreserve für die
HMS verbraucht, sollte vorher noch
einmal eine Zwischensicherung gelegt werden.
- Zwischensicherungen sollten möglichst vor den Schlüsselstellen einer
Seillänge angebracht werden.
- Mit der Annäherung an die Leistungsgrenze erhöht sich auch die
Zahl der Zwischensicherungen.

Beim Anbringen von künstlichen und
natürlichen Sicherungspunkten für
Zwischensicherungen, aber auch allgemein sollte man insbesondere die
nachstehenden Punkte beachten:

- Bei jedem Sicherungspunkt gilt es,
vor allem die mögliche Belastungsrichtung zu berücksichtigen.
- Karabiner sollten nicht am Fels aufliegen, so daß sich der Schnapper
bei Belastung öffnen kann. Außerdem darf keine Knickbelastung am
Fels auftreten.

- Herausstehende Felshaken werden,
um eine Hebelwirkung zu vermeiden, mit einer Bandschlinge abge-
bunden oder im Fall von Weichstahlhaken umgeschlagen, bis die
Öse am Fels aufliegt.
- Klemmkeile werden so plaziert, daß
möglichst viel Klemmfläche am Fels
aufliegt, anschließend werden sie
kräftig festgezogen.
- Drahtkabelklemmkeile werden auf
jeden Fall mit einer Expreßschlinge
als Gelenk versehen, so daß sie
sich nicht durch die Seilbewegung
selbständig lösen können.
- Beim Plazieren von Friends darauf
achten, daß alle vier Segmente am
Fels aufliegen, der Öffnungswinkel
der Segmente 120° nicht über-
schreitet und die starre Griffstange
keiner Knickbelastung am Fels un-
terliegen kann.
- Sanduhren und natürliche Klemmblöcke werden mit einer doppelt
genommenen Bandschlinge als Zwischensicherung genutzt.
- Felszacken und -köpfe werden, um
ein Abziehen durch Seilbewegung
zu vermeiden, mit einer Bandschlinge als Ankerstich versehen.

Seilführung

Um beim Freiklettern durch den Seil-
zug nicht zu stark behindert zu werden, müssen die Sicherungspunkte in
den meisten Fällen verlängert werden.
Da sich aber mit einer Verlängerungs-
schlinge bei der Zwischensicherung
auch die Sturzstrecke verlängert, werden längere Bandschlingen nur dort

eingesetzt, wo sie wirklich den Seilverlauf wirksam begradigen. Ansonsten werden bei Zwischensicherungen
Expreßschlingen, zumindest aber zwei
Karabiner verwendet. Bei einzeln eingehängten Karabinern besteht die
Gefahr des selbständigen Seilaushängens.

Bei der Seilführung sollte gleichzeitig
eine mögliche Belastung des Seils
über gefährliche Felskanten vermieden werden.

Am Körper sollte das Seil immer seitlich hinabführen, um bei einem Sturz
zu vermeiden, daß sich der Kletterer
mit den Beinen im Seil verfängt. Nur
wenn sich der Kletterer direkt über
der letzten Zwischensicherung befindet, kann das Seil auch senkrecht
zwischen den Beinen hinablaufen.

Seilkommandos und Standplatzwechsel

Mit den Seilkommandos verständigen
sich die Seilpartner während des Kletterns. Die Seilkommandos haben vor
allem in alpinen Routen im Gebirge eine besondere Bedeutung, da dort
oftmals keine Sichtverbindung zwischen den Partnern besteht.

Beim Standplatzwechsel gibt es zwei
Möglichkeiten. Wechseln sich die
Seilpartner in der Führung ab, so
spricht man von Wechselführung, wobei man sich den zeitraubenden Umbau des Standplatzes ersparen kann.

Seilführung bei ungünstig liegenden Sicherungspunkten

Steigt immer der gleiche Kletterer vor, so muß der Standplatz umgebaut werden. In diesem Fall ist zu berücksichtigen, daß bei der Standplatzbereitung das Kletterseil nicht mitverwendet wird, da sich der Umbau des Standplatzes sonst schwierig gestaltet. In beiden Fällen wird jedoch am Standplatz das Material für die nächste Seillänge an den Vorsteiger übergeben.

> Seilkommandos und Standplatzwechsel erfolgen nach dem Grundsatz, daß jedes Seilschaftsmitglied zu jedem Zeitpunkt gesichert sein muß, d.h. sich entweder in der Selbst- oder in der Gefährtensicherung befindet.

In der folgenden Abbildung sind die einzelnen Seilkommandos in vier verschiedenen Phasen dargestellt.

Top-Rope-Sicherung

Die sogenannte Top-Rope-Sicherung, also die Sicherung mit Seilumlenkung, hat ihre Berechtigung vor allem im Anfängerbereich, aber auch beim Training von Kondition, Technik und Taktik am Fels. Sie ermöglicht ein gefahrloses Erproben der Leistungsfähigkeit und ist damit ein wichtiges methodisches Mittel im Training des Freikletterers. Eine weitere Bedeutung hat die Top-Rope-Sicherung für den Kletterer, der sich schrittweise zu einem höheren Schwierigkeitsgrad vortasten möchte.

Seilkommandos beim Freiklettern

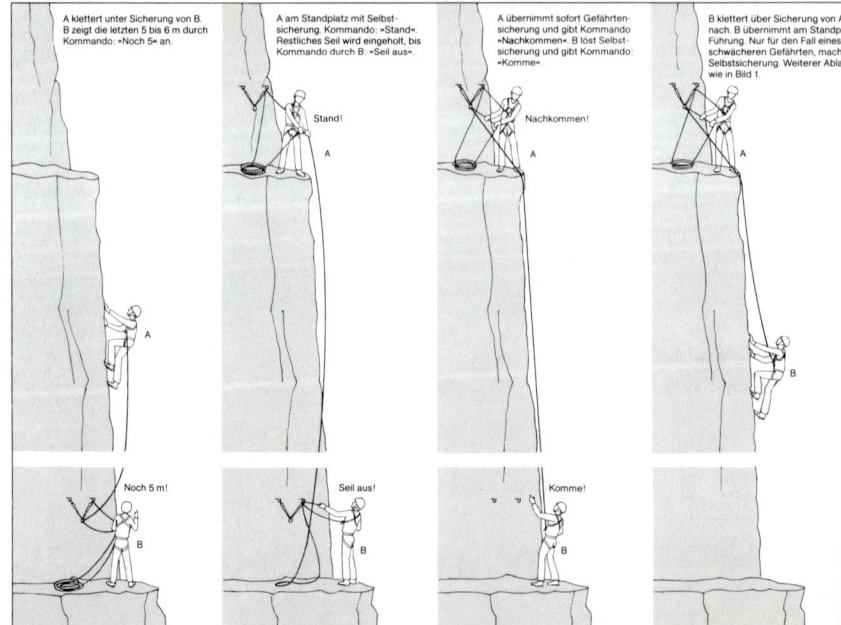

A klettert unter Sicherung von B. B zeigt die letzten 5 bis 6 m durch Kommando: »Noch 5« an.

Stand!

A am Standplatz mit Selbstsicherung. Kommando: »Stand«. Restliches Seil wird eingeholt, bis Kommando durch B: »Seil aus«.

A übernimmt sofort Gefährtensicherung und gibt Kommando »Nachkommen«. B löst Selbstsicherung und gibt Kommando »Komme«

Nachkommen!

B klettert über Sicherung von A nach. B übernimmt am Standpla Führung. Nur für den Fall eines schwächeren Gefährten, macht I Selbstsicherung. Weiterer Abla wie in Bild 1.

Noch 5 m!

Seil aus!

Komme!

Bei der Top-Rope-Sicherung erfolgt in den meisten Fällen eine Gefährtensicherung ohne Standplatz (vgl. Seite 97). Die HMS wird dabei entweder in die Schlaufe am Hüftsitzgurt oder in die Achterschlinge zwischen Brust- und Hüftsitzgurt eingehängt. Eine Selbstsicherung gibt es nicht.

An der Seilumlenkung der Top-Rope-Sicherung sollten entweder ein Schraubkarabiner oder zwei gegenläufig eingehängte Normalkarabiner verwendet werden. Auf keinen Fall darf das Seil direkt durch eine Reepschnur- oder Bandschlinge laufen, da diese durch Schmelzverbrennung reißen. Die maximale Belastung des Sicherungspunktes an der Seilumlenkung beträgt bei korrekter Sicherung, d. h. bei leicht straffem Seil, immerhin das 2½fache des Körpergewichts des Kletterers.

Abseilen

Viele Routen im Gebirge, aber auch einige Mittelgebirgskletereien weisen im Abstieg Passagen auf, die durch Abklettern nicht mehr zu bewältigen sind. Das Abseilen kann auch notwendig werden, wenn man wegen schlechten Wetters oder verletzungsbedingt einen Rückzug antreten muß. Mußten sich die Kletterer früher noch im vielgepriesenen Dülfersitz die Ab-

Top-Rope-Klettern im Verdon, Frankreich. Im überhängenden Gelände werden auch beim Top-Rope-Klettern Zwischensicherungen eingehängt

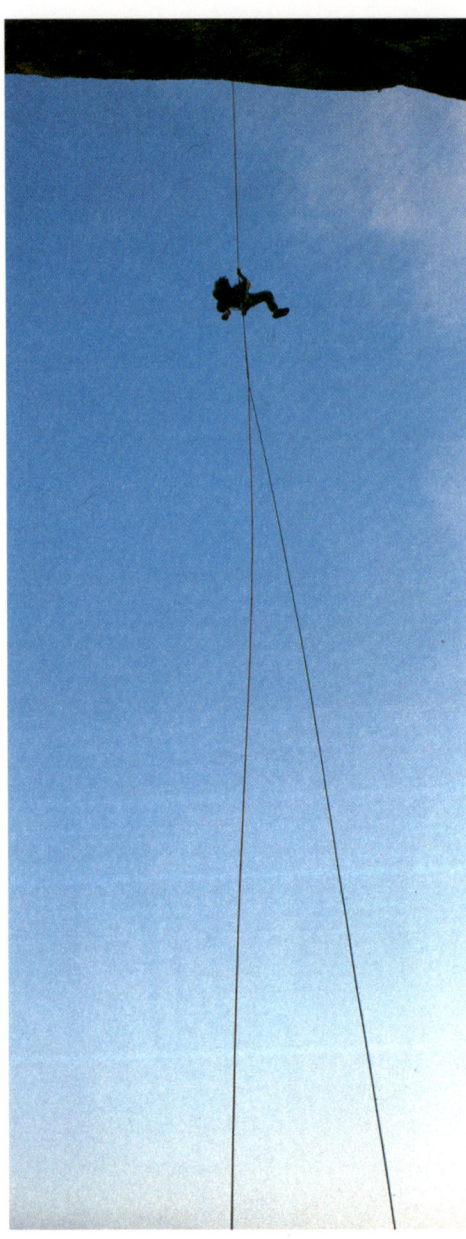

seilstellen hinunterquälen, so ist das Abseilen heute dank moderner Abseilgeräte für die meisten ein Vergnügen und willkommene Entlastung für die schmerzenden Füße zugleich.

Einrichten der Abseilstelle

Dem Fixpunkt an der Abseilstelle sollte man besondere Beachtung schenken. Oft stecken bei vielbenützten Abseilpisten im Gebirge betonierte Sicherheitshaken. Ist dies nicht der Fall, so empfiehlt es sich, bereits vorhandene Fixpunkte genau zu überprüfen und gegebenenfalls zu ersetzen. Dabei ist immer zu bedenken, daß man dem oder den Fixpunkten beim Abseilen sein Leben anvertraut. Werden mehrere Fixpunkte zusammengefaßt, so muß eine Ausgleichsverankerung angebracht werden.

Das Seil wird halbiert, und die Seilenden werden jeweils mit einem Sackstich verknotet. Zwei Seile verbindet man ebenfalls mit einem einfachen Sackstich, da sich dieser beim Abziehen der Seile über Felskanten aufstellt und dadurch in den seltensten Fällen verklemmt. Bevor man das sorgfältig aufgeschossene Seil hinunterwirft, werden eventuell darunter befindliche Seilschaften durch Zuruf gewarnt. Nachdem der erste Kletterer abgeseilt ist, sollte er prüfen, ob sich das Seil einwandfrei abziehen läßt, so daß der oben wartende Partner gegebenenfalls den Seilverlauf korrigie-

Dank moderner Abseilgeräte ist das Abseilen heute für die meisten Freikletterer ein Vergnügen

ren kann. Die Selbstsicherung an der Abseilstelle erfolgt mittels einer zweifach abgebundenen Bandschlinge, die man dem Gelände entsprechend variabel einhängen kann.

Abseiltechnik

Unter den vielen Abseiltechniken hat sich das Abseilen mit dem sogenannten Abseilachter am besten bewährt. Am Markt gibt es zwar eine Vielzahl anderer Abseilgeräte, doch ist deren Anwendung oft kompliziert und birgt bei falscher Handhabung Gefahren.
Von Abseiltechniken, deren Funktion auf der Seilreibung am Körper basiert, wie dem Dülfersitz oder dem Karabinersitz, möchten wir nach schmerzhaften Erfahrungen abraten. Sie sind heute veraltet. Als Alternative zum Abseilachter kann noch das Abseilen mit Halbmastwurf genannt werden, das aber nur als Nothilfe bei Verlust des Abseilachters angewendet werden sollte.
Zum Abseilen hängen wir den Achter in einen Schraubkarabiner in die vor

dem Bauchnabel befindliche Schlaufe des Hüftsitzgurtes oder in die Achterschlinge, die Brust- und Hüftsitzgurt verbindet. Die obere Hand führt das Seil, die Hand seitlich neben dem Körper bremst die Seilstränge und dosiert so die Abseilgeschwindigkeit. Das Abseilen sollte ruckfrei und gleichmäßig erfolgen, um den Fixpunkt nicht zu stark zu belasten. Die Belastung des Fixpunktes beim Abseilen liegt in dem Bereich des 1 ½- bis 2fachen Körpergewichts.

Selbstsicherung beim Abseilen

Für den Anfänger, aber auch für fortgeschrittene Kletterer bei ungünstigen Bedingungen wie starke Ermüdung oder leichte Verletzung empfiehlt sich eine Selbstsicherung beim Abseilen. Diese wird mit einer Prusikschlinge hergestellt, die über beide Seilstränge unterhalb des Abseilachters eingeknotet und mit einem Karabiner an einer der Schenkelschlaufen eingehängt wird. Dabei darauf achten, daß der Prusikknoten nicht in den Abseilachter hineinlaufen kann.

Abseilen mit Abseilachter

Selbstsicherung beim Abseilen

Freiklettern im Gebirge

Das Freiklettern im Gebirge übt auch auf die besten Kletterer eine besondere Faszination aus

Freiklettern beschränkt sich nicht nur auf die bis zu 50 m hohen Wände der Mittelgebirge und Klettergärten. Die Wände der großen Gebirge wie der Dolomiten, Westalpen und sogar des Himalaya waren schon immer angestrebte Ziele der besten Freikletterer der Welt. Schon in der Zeit des Eroberungsalpinismus haben die Bergsteiger im Klettergarten für die großen Alpenwände trainiert. Heute ist Klettern im Mittelgebirge und Klettergarten zum Selbstzweck geworden, werden die Schwierigkeiten unter optimalen Bedingungen in ungeahnte Höhen getrieben.

Doch der Reiz, diese Schwierigkeiten in die großen Alpenwände zu übertragen, war und ist noch immer ungebrochen vorhanden. Aufgrund der schwierigen Umstände, der teilweise langen Zustiege, der Wandhöhen, der alpinen Gefahren und Witterungseinflüsse können die Leistungen aus den Mittelgebirgen nur bedingt und mit einiger Verzögerung auf die großen Wände übertragen werden. Durch den Zeitdruck ist es oftmals nicht möglich, schwierige Stellen längere Zeit zu probieren. Die Erholungsphasen an den Standplätzen sind meist sehr kurz, und die oft langanhaltenden Schwierigkeiten einer 1000-m-Wand konfrontieren den Kletterer mit erweiterten konditionellen Anforderungen.

Konditionelle Beanspruchung im Gebirge

Das Freiklettern im Gebirge stellt an den Kletterer erweiterte Anforderungen, vor allem im konditionellen Bereich. Bedingt durch z. T. weite Zustiege und die lang andauernden Touren mit einer Vielzahl von Seillängen gewinnt zunehmend die konditionelle Fähigkeit Ausdauer an Bedeutung. Im Konditionstraining des alpinen Freikletterers wird hauptsächlich ein Training der Grundlagenausdauer durchgeführt.

Die Grundlagenausdauer kann unspezifisch erworben werden, d. h. durch alle Formen der zyklischen Fortbewegung wie Laufen, Radfahren, Mountain Biking, Skilanglauf oder Skirollerlauf.

Als Trainingsmethoden für den Erwerb der Grundlagenausdauer empfehlen wir je nach Schwerpunktsetzung die extensive, intensive oder variable Dauermethode.

Ausrüstung im Gebirge

Die Ausrüstung beim Freiklettern im Gebirge unterscheidet sich im wesentlichen nicht von der Ausrüstung beim Freiklettern im Mittelgebirge, doch muß sie in einigen Punkten erweitert werden, die wir nur kurz ansprechen wollen.

Bekleidung

Die Auswahl der Bekleidung beim alpinen Freiklettern richtet sich nach Jahreszeit, Höhenlage, Länge der Tour und nach dem zu erwartenden Wetter.
Folgende Bekleidungsteile können wir für das Tragen bzw. Mitnehmen bei Gebirgstouren besonders empfehlen:

- Kunstfaserunterwäsche
- Strümpfe aus Mischgewebe
- Hemden mit ausreichender Rücken- und Ärmellänge
- leichte, robuste und schnell trocknende lange Kletterhose aus elastischem Material
- Faserpelzpullover
- Goretex Anorak

Außerdem sollten auf längeren Gebirgstouren immer dabei sein:

- Ersatzhemd
- Mütze
- Handschuhe

Rucksack

Für das Freiklettern im Gebirge empfehlen wir einen rahmenlosen Rucksack, der schmal geschnitten sein sollte. Wird er nur zum Felsklettern verwendet, kann man auf Schlaufen und Halterungen verzichten. Die Tragegurte sollten breit sein, um die Muskulatur des Schultergürtels nicht abzuklemmen. Ein Hüftgurt entlastet die Schultermuskulatur, kann aber die Beweglichkeit im Rumpfbereich einschränken. Eine Deckeltasche ist vorteilhaft. Die Größe des Rucksacks sollte der Unternehmung angepaßt sein.

Schlingenmaterial und Hardware

Auch das Schlingenmaterial und die Hardware richten sich nach dem Charakter der Gebirgstour. Zusätzlich zu den angesprochenen Ausrüstungsteilen in diesem Bereich benötigen wir noch zwei 5-mm-Reepschnurschlingen von ca. 4 bis 5 m Länge, je nach Körpergröße, die als Prusikschlingen vor allem bei der behelfsmäßigen Bergrettung angewendet werden. Für das eventuelle Zurücklassen an Abseilstellen hat sich die Mitnahme von einigen kürzeren Halbseilstücken im Rucksack bewährt. Neben dem HMS-Karabiner sollte für die Standplatzbereitung ein weiterer Karabiner mit Schraub- oder Schnellverschluß mitgeführt werden, der auch bei der behelfsmäßigen Bergrettung nützlich sein kann. Grundsätzlich empfehlen wir, die sicherungstechnische Ausrüstung für Gebirgstouren nicht zu knapp zu bemessen, da dieser Ausrüstungsbereich wesentlich zur Sicherheit der gesamten Seilschaft beiträgt.

Schuhe

Für Zu- und Abstiege benötigen wir neben den Kletterschuhen, die sich hierfür wegen der profillosen Sohlen nicht eignen, einen Schuh, der ein sicheres Begehen von weglosem Gelände ermöglicht. Die beste Eignung für diesen Bereich weisen Trekkingschuhe auf, alternativ auch Turnschuhe in knöchelhoher Form mit gutem Sohlenprofil. Abhängig von Gelände und Jahreszeit kann besonders in Verbindung mit hartgefrorenen Firnfeldern u. U. das Tragen eines stabilen Bergschuhs notwendig sein.

Zusatzausrüstung

Folgende Zusatzausrüstung ist außerdem bei allen alpinen Kletterrouten mitzuführen:
- Rucksackapotheke zur Ersten Hilfe
- Biwaksack
- Rettungsdecke
- Führer und Orientierungsmaterial

Sicherheit im Gebirge

Kletterrouten im Gebirge erfordern ein besonderes Sicherheitsbewußtsein und eine *Beherrschung aller sicherungstechnischen Maßnahmen.*

Ein funktioneller Rucksack gehört zur erweiterten Ausrüstung beim Freiklettern im Gebirge

Die dazu notwendige Erfahrung kann nur in einer mehrjährigen Kletterpraxis im Gebirge erworben werden. Doch nicht nur auf dem Gebiet der Sicherungstechnik werden besondere Anforderungen an den Kletterer gestellt. Wetter, Orientierung und alpine Gefahren sind zusätzliche Faktoren, die man bei der Durchführung einer alpinen Klettertour berücksichtigen muß. Und schließlich verlangt die größtenteils abgeschiedene Lage der alpinen Routen eine sichere Beherrschung der Rückzugsmöglichkeiten und des Verhaltens bei einem Unfall. Darüber hinaus möchten wir noch einmal den folgenden Grundsatz besonders herausstellen:

Das Anseilen mit der Brust- und Hüftgurtmethode und das Tragen eines Helms ist bei allen alpinen Klettertouren notwendig.

Planung einer Gebirgstour

Bei der Planung einer Klettertour im Gebirge sollten zunächst folgende Punkte überlegt werden:

Schwierigkeit der Route

Die Angaben über die Schwierigkeit kann aus Führern oder Anstiegsskizzen in Veröffentlichungen entnommen werden.

Vergleich des eigenen Leistungsniveaus mit der Schwierigkeit und den Anforderungen der Route

Dieser Punkt sollte zu einem objektiven Ergebnis führen, das in manchen Fällen das Ausweichen auf ein anderes Ziel notwendig machen kann.

Wahl des Seilpartners

Man sollte Leistungsniveau und Erfahrungsstand des Partners kennen.

Die eigentliche Planung der Tour erfolgt in den folgenden Planungsschritten:

- Aktuelle Information über die Tour.
- Information über Zu- und Abstieg.
- Erstellen eines Zeitplans.
- Information über die Wetterentwicklung.

Dazu kann neben der Information aus dem jeweiligen Gebietsführer auch die Rücksprache mit anderen Kletterern, die die geplante Tour vor kurzem durchgeführt haben, hilfreich sein.

Eine Information über die Wetterlage geben die Wetterberichte in Funk und Fernsehen, besser noch die Wetterberatung des Deutschen Alpenvereins in München, wo man auch die Telefonnummern der entsprechenden Stellen in allen anderen Alpenländern erhält.

Gebietsvorschläge

In diesem Kapitel stellen wir Klettergebiete vor, von denen wir meinen, daß sie sowohl für den Anfänger als auch für den Fortgeschrittenen interessant sein können.

Dabei haben natürlich auch persönliche Neigungen eine Rolle gespielt, doch wollten wir diese bei der Auswahl bewußt mit einbringen. Für den einen ist vielleicht der Mt. Arapiles in Australien das, was für den anderen Buoux in Südfrankreich ist. Uns erschien es bei der Auswahl wichtig, Gebiete mit unterschiedlichen Charakteren vorzustellen. Einen perfekten Kletterer macht aus, wenn er sich in technisch anspruchsvollen Kalkrouten ebenso zurechtfindet wie in anstrengenden Granitrissen. Diese Vielseitigkeit gestaltet das Klettern interessant und erfordert vom Freikletterer viel Kreativität in der Bewegung. Ebenso wollten wir einige Fluchtmöglichkeiten vor den kalten Wintermonaten vorstellen, ohne sich gleich auf eine 20stündige Flugreise nach Australien begeben zu müssen. Hier ist unsere Auswahl, suchen Sie sich Ihren Favoriten heraus.

Westdeutschland

In Deutschland haben wir uns für die Fränkische Schweiz und die Pfalz als die interessantesten und traditions-

Freiklettern in der Fränkischen Schweiz

111

reichsten Freiklettergebiete entschieden. Die Kletterer und Führerautoren, die in den anderen lohnenden Freiklettergebieten Deutschlands zu Hause sind, mögen uns diese Einschränkung verzeihen.

Fränkische Schweiz

Der nördliche Frankenjura ist die Hochburg des deutschen Freiklettersports. In diesem Gebiet vollzog sich die entscheidende Wende bei der Durchsetzung des Freiklettergedankens. Nördlich von Nürnberg gelegen bieten die über die ganze Fränkische Schweiz verstreuten Felsmassive nicht nur dem Extremkletterer ein riesiges Routenpotential. Obwohl athletische Fingerlochklettereien im steilen Jurakalk dominieren, ist vor allem in den Routen der unteren Schwierigkeitsbereiche viel Abwechslung geboten. Leider sind die einzelnen Massive z.T. sehr weit voneinander entfernt, ein Auto ist daher unbedingt erforderlich.

Beste Jahreszeit
Viele Massive liegen versteckt im Wald. Dies ist im Sommer ein Vorteil, im Frühjahr dagegen ein Nachteil, da die Felsen nur langsam austrocknen. Ideale Bedingungen herrschen im Herbst wegen der im allgemeinen stabileren Wetterlage.

Übernachtungsmöglichkeiten
Durch die große Fläche der Fränkischen Schweiz gibt es keine bevorzugten Anlaufstellen zum Übernachten. Bei jedem Massiv liegt in unmittelbarer Nähe eine Ortschaft, die in

Pensionen und Gasthäusern preisgünstige Übernachtungsmöglichkeiten anbieten. Natürlich gibt es auch Campingplätze und daneben Zeltmöglichkeiten auf den Privatgrundstücken vieler Gasthäuser, wie z.B. beim Gasthaus »Kroder« in Schlaiffhausen oder Gasthaus »Zur guten Einkehr« in Morschreuth. Die wilden Camper sollten sich auf jeden Fall die Erlaubnis der Grundstückseigentümer einholen, um den ohnehin zweifelhaften Ruf der Freikletterer nicht noch mehr zu schädigen.

Führermaterial
Eine gute Gebietskarte und ein Kletterführer sind für die Fränkische Schweiz wegen der unglaublichen Routenvielfalt unerläßlich.
Als Kletterführer bieten sich an:

Bernhard Thum:
Topographischer Auswahlführer Fränkische Schweiz;
Oskar Bühler: Fränkische Schweiz.

Pfalz

Dieses romantische Gebiet, westlich von Mannheim gelegen, gilt zwar neben der Fränkischen Schweiz als Geburtsstätte des Freiklettergedankens, konnte aber nie aus ihrem Schatten heraustreten. In der Pfalz findet der Anfänger eine große Auswahl an Routen in den unteren Schwierigkeitsbereichen vor. Verlangt werden alle Klettertechniken an den bis zu 60 m hohen Türmen, vom Finger- bis zum Körperriß, von diffizilen Wandkletereien an eingelagerten Kieseln bis hin zu weit ausladenden Dächern. Es ist das einzige Sandsteingebiet in Westdeutschland, und das ist mit der Grund, warum es nur den zweiten Platz hinter der Fränkischen Schweiz einnimmt. Sämtliche Klettereien erfordern sehr viel Vor- und Umsicht vom Kletterer, da der Sandstein bei weitem nicht so fest ist wie der Jurakalk. Trotzdem ist es ein interessantes Gebiet für den Anfänger, mit der Möglichkeit, viel Erfahrung zu sammeln. So lernt er neben einer gefühlvollen Klettertechnik auch den Umgang mit Klemmkeilen.

Beste Jahreszeit
Da der Sandstein generell langsamer austrocknet als Kalkstein, ist das Klettern in der Pfalz erst ab dem späten Frühjahr empfehlenswert. Im Sommer haben wir es hier wie in allen Mittelgebirgen mit der Hitze zu tun, doch der Herbst ist nicht nur wegen der angenehmeren Temperaturen die beste Jahreszeit, sondern auch wegen des hervorragenden Federweißen.

Übernachtungsmöglichkeiten
Treffpunkt der Kletterer ist der »Bärenbrunner Hof« in der Nähe von Dahn und das Kletterheim in Busenberg. Daneben bieten sich Jugendherbergen und Campingplätze zum Übernachten an.

Führermaterial
Wolfgang Kraus: Topographischer Kletterführer Südpfalz.

Sandsteinturm in der Pfalz

Frankreich

Die französischen Klettergebiete sind in den letzten Jahren zum Hauptziel der Freikletterer aus aller Welt geworden. Grund dafür ist neben der enormen Gebietsvielfalt auch die Tatsache, daß man besonders im südlichen Teil hervorragend in den Wintermonaten klettern kann.

Verdon

Mit welchen Superlativen ist die Verdonschlucht nicht schon beschrieben worden! In diesem Gebiet, das ca. 100 km nordwestlich von Nizza liegt, vereinen sich die Träume der Kletterer. Die Verdonschlucht ist so einmalig, daß es unmöglich ist, sie mit irgendeinem anderen Klettergebiet zu vergleichen. Es ist die verrückteste und perfekteste Kalkkletterei zugleich. Es fängt schon damit an, daß man sich zu den einzelnen Routen abseilen muß. Die Schlucht ist an ihrer tiefsten Stelle 300 m tief. D.h. 300 m wunderschöner, kompakter, senkrechter und teils überhängender Kalkfelsen; Felsen, die einem das Herz höher schlagen lassen und im nächsten Moment zum Stehen bringen. Diese Routen sind so ausgesetzt, daß es sogar alten Kletterhasen den Schweiß auf die Finger treibt.
Es ist ein Gebiet, das den absoluten Könnern vorbehalten bleibt. Selbstüberschätzung, falsche Routenwahl oder überraschende Wetterstürze können dem Kletterer in der Verdonschlucht zum Verhängnis werden und

ihn in sehr bedrohliche Situationen bringen. Es gibt neuerdings zwar viele Routen im fünften und sechsten Schwierigkeitsgrad, doch auch diese erfordern Routine und perfekte Beherrschung der Sicherungs- und Abseiltechniken. Sämtliche Routen sind mit Bohrhaken eingerichtet, trotzdem muß der jeweilige Schwierigkeitsgrad im Vorstieg beherrscht werden. Der Anfänger hat zwar die Möglichkeit, sich mit Seilsicherung von oben in die leichteren Routen abzulassen,

doch das richtige »Verdon Feeling« hat nur der Könner, der die Routen in diesem Gebiet mühelos vorsteigen kann.

Beste Jahreszeit

Die Verdonschlucht liegt auf ca. 1000 m Meereshöhe. Daher kann es im Frühjahr oder Spätherbst empfindlich kalt werden und im Winter sogar schneien. Obwohl es an einigen Tagen im Sommer über die Mittagsstunden zu heiß wird, ist es dennoch eines der wenigen Klettergebiete in Südfrankreich, wo man auch im Hochsommer klettern kann.

Übernachtungsmöglichkeiten

In der nahegelegenen Ortschaft La Palud gibt es zwei Campingplätze, mehrere Hotels und eine Jugendherberge.

Führermaterial

Matthias Heinkel: Klettern im Verdon.

Nebel in der Verdonschlucht

Freiklettern über Monte Carlo

Tête de Chien

Obwohl das Gebiet von Tête de Chien in Monaco liegt, wird es von den meisten Kletterern zu Frankreich gezählt. Man kann das Geld fast riechen. Wenn die Kletterei es zuläßt, fällt der Blick immer wieder auf die Spielbank oder den Yachthafen von Monte Carlo. Es ist eine Domäne nicht nur für Steuerflüchtlinge, sondern auch für Kletterfreaks, die im Winter auf der Suche nach warmen Fels an der Tête de Chien nicht vorbeikommen. Wenn man die etwas lästigen Nebengeräusche der Stadt und den Autolärm allzu temperamentvoller Monegassen überhört, kann die Tête de Chien als perfektes Klettergebiet bezeichnet werden. Nicht nur, weil alle Massive von einem zentralen Parkplatz aus zu Fuß erreichbar sind, sondern auch, weil vom fünften bis zum zehnten Schwierigkeitsgrad kein Wunsch offenbleibt. Eine Vielzahl der Routen an den bis zu 70 m hohen Felsen tragen wie die meisten anderen in den französischen Topgebieten das Prädikat »besonders wertvoll«. Doch Vorsicht am Parkplatz! Wertgegenstände und teure Autoradios sollten auf keinen Fall im Wagen zurückbleiben.

Beste Jahreszeit
Die Tête de Chien ist ein Ganzjahresklettergebiet mit einer kleinen Einschränkung: Im Hochsommer ist es meistens zu heiß.

Übernachtungsmöglichkeiten
In La Turbie, einer nahegelegenen Ortschaft, gibt es Hotels, die außerhalb der Saison vernünftige Preise anbieten. Wildes Campen wird an den

oberen Parkplätzen geduldet, aber nicht gerne gesehen. Einen öffentlichen Campingplatz gibt es in der näheren Umgebung leider nicht.

Führermaterial
Nico Mailänder, Bernd Leuchsner: Sun Rock – Klettern am Mittelmeer.

Italien

Die italienischen Klettergebiete zählen neben den französischen aufgrund ihrer günstigen geographischen Lage zu den beliebtesten Winterklettergebieten in Europa. Neben Finale hat sich auch Arco am Gardasee, als schnell erreichbares Ziel, einen Namen gemacht.

Freiklettern und Windsurfen am Gardasee

Arco

In den letzten Jahren hat sich Arco zu einem Topklettergebiet gemausert. Früher waren es vor allem die bis zu 250 m hohen Kalkwände des Colodri, die die Kletterer anzogen. Heute gibt es eine Vielzahl an kleineren Massiven. In diesem Gebiet ist vor allem der Techniker gefragt. Diffizile und anspruchsvolle Wand- und Plattenkletereien prägen den Charakter. Es ist ein hervorragendes Gebiet, die Fußtechnik zu schulen, aber auch der athletische Kletterer wird hier auf seine Kosten kommen.
Ebenso hoch im Kurs wie Freiklettern steht Mountain Biking, Paragliding und natürlich Windsurfen am 5 km entfernten Gardasee, ideale Beschäftigungsmöglichkeiten an Ruhetagen.

Beste Jahreszeit

Ebenso wie Finale kann Arco als Ganzjahresklettergebiet eingestuft werden, in den Wintermonaten jedoch mit einer gewissen Einschränkung. Es kann durchaus vorkommen, daß es hier schneit oder zu kalt ist zum Klettern. Wer im Winter nach Arco fahren will, sollte sich vorher im Fremdenverkehrsbüro nach Wetterlage und Temperaturen erkundigen. Im Sommer ist es an einigen Tagen sehr schwül und nicht gerade ideal für schwere Routen. Daher dürften wiederum Frühjahr, Spätsommer und Herbst als beste Jahreszeiten gelten.

Übernachtungsmöglichkeiten

In Arco gibt es zwei große Campingplätze und im Ort genügend Pensionen oder Hotels. Für Fragen, auch in Sachen Klettern, steht das Fremdenverkehrsbüro zur Verfügung.

Führermaterial

Wolfgang Müller, Gerhard Hörhager: Arco Topos.

Finale

Finale liegt direkt am Mittelmeer bei dem Urlaubsort Finale Ligure. Es ist ein riesiges Klettergebiet mit Hunderten von Routen in allen Schwierigkeitsgraden. Wandklettereien dominieren an den bis zu 80 m hohen Felsen. Leider ist man auch in diesem Gebiet auf das Auto angewiesen, und es erfordert einige Zeit, bis man sich in Finale zurechtfindet. Die Routen sind, wie allgemein in den südlichen Gebieten, mit Bohrhaken abgesichert. Das Legen von Klemmkeilen ist in Finale nur in ganz wenigen Fällen erforderlich. Finale ist schon längst kein Geheimtip mehr. Besonders an Weihnachten, Ostern und Pfingsten fallen Heerscharen von Kletterern in dieses Gebiet ein. Wartezeiten an den klassischen Routen sind dann möglich.

Beste Jahreszeit

Finale ist wegen der nach allen Himmelsrichtungen ausgerichteten Felsen ein uneingeschränktes Ganzjahresklettergebiet.

Das Gebiet von Finale bietet für jeden Freikletterer etwas

Übernachtungsmöglichkeiten

Außerhalb der Sommersaison gibt es teilweise günstige Angebote in Hotels und Pensionen. Für eine Gruppe lohnt es sich auch, eine Ferienwohnung zu mieten. Campingplätze sind sehr rar und für Kletterer wegen der ungünstigen Lage nicht zu empfehlen. Wildes Campen ist an einigen Plätzen möglich. Informationen darüber gibt es im Kletterladen von Seglino.

Führermaterial

Martin Lochner: Finale Auswahlführer.

USA

Natürlich kann man das Ursprungsland des modernen Freikletterns nicht übergehen. Obwohl es in Amerika eine Vielzahl attraktiver Klettergebiete gibt, haben wir uns trotzdem für das traditionsreichste entschlossen, das Yosemite Valley.

Yosemite Valley

Der Yosemite Valley National Park ist einer der bekanntesten und beliebtesten Nationalparks der USA. Millio-

nen von Menschen werden Jahr für Jahr durch das enge Tal unweit von San Francisco geschleust, vorbei am Wahrzeichen dieses Gebiets, dem El Capitan, dem größten Granitmonolith der Welt. Jahrelang galt das Yosemite Valley als Pilgerstätte für die Kletterer aus aller Welt. Hier bekam das Freiklettern in seiner heutigen Form entscheidende Impulse. In den letzten Jahren hat es jedoch an Popularität stark eingebüßt. Zum einen durch die massiven Einschränkungen der Parkverwaltung, vertreten durch die teilweise arrogant auftretenden Ranger, zum anderen durch die vielen neuen Klettergebiete, die im Westen der USA erschlossen wurden.

Trotz all dieser Umstände bleibt das Yosemite Valley einmalig. Die Clean-Climbing-Philosophie wird von den Yosemite Kletterern bis heute eindeutig verfochten. So finden sich immer noch keine Haken oder Bohrhaken in den Rißklettereien.

Da das Yosemite Valley neben dem Elbsandsteingebirge das einzige Klettergebiet ist, das sich seinen ursprünglichen Charakter bewahren konnte, haben wir uns für seine Aufnahme in dieses Buch entschieden. Außerdem gibt es auf der ganzen Welt kein zweites Granitgebiet mit vergleichbaren Rißkletterreien. Doch neben den Rissen in den höchsten Schwierigkeitsgraden findet auch der Anfänger bis zu 600 m lange Routen jeglichen Charakters in allen Schwierigkeitsbereichen.

Beste Jahreszeit

Spätes Frühjahr, Spätsommer und Herbst sind ideale Zeiten für das Yosemite Valley. Im Winter vertreiben enorme Schneemassen auch die hartnäckigsten Kletterer. Im Hochsommer dagegen ist es im Tal unerträglich heiß. In dieser Zeit bietet sich die Hochfläche von Tuolumne Meadows als ideale Ausweichmöglichkeit an. Mit gigantischen Granitdomen gehört es zu den landschaftlich eindrucksvollsten Klettergebieten der USA, und abseits der Straße trifft man kaum mehr Touristen. Im Gegensatz zum »Valley«

Der El Capitan im Yosemite Valley

dominieren hier Wand- und Platten-kletttereien an eingelagerten Quarz-adern, die größtenteils mit Bohrhaken abgesichert sind.

Übernachtungsmöglichkeiten

Das Yosemite Valley ist fast ein eige-ner Staat in Kalifornien. Es gibt Ban-ken, Supermärkte, eine Post und so-gar ein Gefängnis. Das Ahwanee Hotel ist sehenswert, aber die Über-nachtung kaum zu bezahlen. Trotz-dem gehört ein Frühstück im Ahwanee Hotel zur Pflichtübung jedes Klette-rers. Übernachtet werden kann relativ komfortabel und preiswert noch in kleinen Blockhütten. Doch der eigent-liche Treffpunkt der Kletterer ist nach wie vor der Sunnyside Walk In Camp-ground, besser bekannt unter dem Namen Camp 4. In der Hauptsaison ist dort jedoch die Aufenthaltsdauer auf eine Woche begrenzt. Will man länger bleiben, so kann man auf ei-nen der zahlreichen anderen Camp-grounds wechseln. Wildes Zelten ist streng verboten.

Führermaterial

George Meyers: Yosemite Climbs.

Die Bewertungssysteme

Die Wettkämpfe ausgenommen, gibt es keine objektiven Bewertungsmaßstäbe, um eine Leistung beim Freiklettern einzustufen. Selbst die schon bestehenden Schwierigkeitsbewertungen sind lediglich Anhaltspunkte, aber keine definitive Bewertungsgrundlage. Die Vergabe des jeweiligen Schwierigkeitsgrades ist eine rein persönliche Entscheidung des Erstbegehers. Sie ist nur ein Vorschlag und wird erst von den Wiederholern bestätigt oder berichtigt. Verglichen wird eine Erstbegehung mit anderen Routen ähnlichen Charakters, deren Schwierigkeitsgrad bereits bestätigt ist.

Die Bewertungskriterien richten sich vor allem nach der Griff- und Trittgröße, Wandstruktur, Steilheit, Routenlänge und nach der Schwierigkeit der einzelnen Bewegungsabläufe. Diese Kriterien sind wiederum von der Gesteinsart abhängig. In einigen Ländern wie England und der DDR spielen die psychischen Anforderungen, d. h. das Risiko weiter Stürze aufgrund weniger und schlechter Sicherungsmöglichkeiten und das Verletzungsrisiko bei einem Sturz in die Bewertung mit hinein. In England drücken sich die psychischen Anforderungen im E-Grad aus, die arabische Ziffer steht allein für die klettertechnische Schwierigkeit.

Die Schwierigkeitsskalen im Vergleich

UIAA Skala	Frankreich	USA	England		Australien	DDR
VI+	6a	5.10a	5b	E2	19	VIIc
VII−		5.10b			20	VIIIa
VII	6b	5.10c	5c			VIIIb
		5.10d			21	VIIIc
VII+	6c	5.11a		E3	22	
VIII−		5.11b	6a		23	IXa
VIII	7a	5.11c			24	IXb
		5.11d		E4	25	IXc
VIII+	7b	5.12a	6b			Xa
IX−		5.12b			26	
		5.12c		E5	27	
IX	7c	5.12d	6c			
IX+		5.13a			28	Xb
		5.13b		E6	29	
X−	8a	5.13c			30	
X		5.13d	7a		31	
X+	8b	5.14a			32	
XI−		5.14b		E7		Xc
	8c	5.14c	7b		33	

Dadurch ergeben sich z. T. große Bewertungsschwankungen von Land zu Land. Der Anfänger sollte daher die Schwierigkeitsangaben der Routen sehr kritisch beurteilen. Die Bewertung von Schwierigkeiten beim Freiklettern ist individuell von den Kletterern abhängig, weshalb sie schon immer ein Thema leidenschaftlicher Diskussionen war, und daran wird sich mit Sicherheit auch in Zukunft nichts ändern.

Beim Freiklettern gibt ausschließlich die natürliche Struktur der Felsoberfläche die Haltepunkte zur Fortbewegung vor

Die Regeln

Um beim Freiklettern einen möglichst objektiven Leistungsvergleich zu ermöglichen, sind gewisse Regeln unerläßlich. Freiklettern ist ein Sport, bei dem jeder die Möglichkeit hat, auf seine Weise glücklich zu werden, ohne sich an bestimmte Regeln halten zu müssen. In dem Moment aber, wo er seine Leistung einstufen und vergleichen möchte, muß er sich an die vorgegebenen Spielregeln halten. Diese Regeln sind einfach, eindeutig und fair. Sie werden uns nicht von Verbänden und praxisfremden Funktionären vorgeschrieben, sondern die Kletterer selbst haben sie im Laufe der Zeit definiert.

Die Basis ist die Grunddefinition des Freikletterns, die besagt:

> Nur die natürliche Struktur der Felsoberfläche gibt die Haltepunkte zur Fortbewegung vor. Technische Hilfsmittel wie Seil, Karabiner und Haken dienen allein der Sicherheit im Fall eines Sturzes. Sie werden weder als Halte-, noch als Rastpunkt bei einer Begehung verwendet.

Das Ziel eines jeden Freikletterers sollte die vollkommene Beherrschung eines Schwierigkeitsgrades sein. Dies hat ein Kletterer erreicht, wenn er nicht nur *eine* Route in diesem Schwierigkeitsgrad sturzfrei im ersten Versuch bewältigt, sondern erst, wenn er eine Vielzahl von Routen im jeweili-

123

gen Schwierigkeitsgrad in verschiedenen Gesteinsarten und mit unterschiedlichem Charakter durchstiegen hat.

> Bei einer sturzfreien Vorstiegsbegehung einer unbekannten Route im ersten Versuch spricht man von On Sight oder Flash.

Diese Begehungsart sollte das angestrebte Ziel jedes Freikletterers sein und nicht die Schwierigkeitsangabe hinter dem Routennamen.
Um eine weitere Leistungssteigerung und somit einen neuen Schwierigkeitsgrad zu erreichen, ist das Üben aus dem Hängen im Seil heraus unvermeidlich. Ebenso ist die Annäherung an einen neuen Schwierigkeitsbereich, der noch über der eigenen Leistungsgrenze liegt und mit relativ vielen Stürzen verbunden ist, nur mit Seilsicherung von oben, also mit Top-Rope sicher und vernünftig. Doch dieser Stil sollte nur einen Schritt auf dem Weg zum perfekten On-Sight-Klettern sein und nicht zur einzigen allgemein praktizierten Stilart in sämtlichen Schwierigkeitsgraden werden.
Nachdem der Kletterer einen Schwierigkeitsgrad soweit beherrscht, daß er auf die Top-Rope-Sicherung verzichten kann, klettert er die Route im Vorstieg, wobei auch ein Sturz möglich ist.

> Wenn ein Kletterer nach einem Sturz von der letzten Zwischensicherung weiterklettert, wird dies als Hangdogging bezeichnet.

Um jedoch eine Route sportlich einwandfrei zu durchsteigen, muß ein Kletterer sie vom Boden oder vom letzten Standplatz aus in einem Zug ohne Sturz und ohne Rasten im Haken oder im Seil bis zum Ausstieg oder nächsten Standplatz durchklettern.

> Wenn ein Kletterer das Seil nach einem Sturz in der letzten eingehängten Zwischensicherung beläßt und so einen weiteren Versuch vom Boden oder Standplatz aus startet, so spricht man von Yo Yo oder Rotkreis.

In der letzten Zeit hat sich jedoch die Rotpunkt-Regel immer stärker behauptet.

> Rotpunkt bedeutet, daß nach einem Sturz das Seil wieder abgezogen wird und ein neuer Versuch vom Boden oder Standplatz aus im Vorstieg erfolgt.

Diese Regel zeigt, daß der perfekte Durchstieg einer Route keine Kompromisse erlaubt. Den höchsten sportlichen Wert haben deshalb On-Sight- und Rotpunkt-Begehungen.

Freiklettern und Natur

Freiklettern und Natur wird ein immer brisanteres Thema. Die Zahl der Kletterer nimmt unaufhaltsam zu, und die Gebiete werden durch beginnende Sperrungen weniger. Die Zukunft der Klettergebiete ist ungewiß. Wie soll die Masse der Kletterer aufgefangen werden?

Die Naturschutzbehörden haben mit einzelnen Gebietssperrungen bereits erste Reaktionen auf den Ansturm gezeigt. Aber liegt es wirklich nur allein an der Masse oder nicht doch am Verhalten der Kletterer selbst?

Ein Blick an die Einstiege bekannter Massive gibt die Antwort auf diese Frage. Leere Cola-Dosen, Tapereste und Zigarettenkippen sind der Beweis für die Unvernunft einzelner Kletterer. Viel zu wenige erkennen das Problem dieses Mißstandes. Es ist eine der wichtigsten Aufgaben für jeden einzelnen von uns, im Zuge der allgemeinen Umweltzerstörung wenigstens in einem uns möglichen Rahmen dagegenzuwirken, um auch den nächsten Generationen die gleichen Voraussetzungen zu bewahren. Klettern ist ein Natursport und, Wettkämpfe ausgenommen, an keine künstlichen Sportstätten gebunden.

Um diesen Zustand zu bewahren, ist es unbedingt notwendig, gewisse *Verhaltensregeln* einzuhalten:

- Kletterverbote respektieren.
- Zeitlich bedingte Kletterverbote wegen Brutzeiten seltener Vogelarten beachten.
- Größeren Lärm vermeiden.

Freiklettern und Natur

- Eigene Abfälle wieder mitnehmen. Es tut auch nicht weh, die eine oder andere Dose von anderen Leuten mitzunehmen.
- Auf angelegten Wegen oder bereits ausgetrampelten Pfaden bleiben.
- Park- und Fahrverbote einhalten. Dabei auch auf Anwohner und Grundstückseigentümer Rücksicht nehmen und öffentliche Parkplätze benutzen.
- Fahrgemeinschaften für die Anreise zu den Klettergebieten bilden.
- Die natürliche Vegetation vor allem im Einstiegsbereich und in den Routen belassen.

Es wäre traurig, wenn wir eines Tages nur noch in Turnhallen an künstlichen Wänden klettern könnten, weil wir es versäumt haben, unsere natürlichen Arenen zu bewahren. Wenn sich jeder Kletterer an diese wenigen Punkte hält, haben wir sicher die Möglichkeit, noch lange diesen Sport in einer sauberen, unzerstörten und für jeden zugänglichen Natur zu betreiben.

Kreativität als Ausdruck seiner persönlichen Einstellung zum Freiklettern bedeutet, in für unmöglich gehaltenen Wandpartien eine Route zu finden, mit Erstbegehungen Linien in die Wände zu zeichnen, die ewig Bestand haben. Doch dieser Begriff wird vielfach mißverstanden. Besonders an der Leistungsspitze betätigen sich zunehmend Freikletterer als »Nachwuchs-Michelangelos« beim Durchbruchsversuch zu immer höheren Schwierigkeitsdimensionen. Routenprojekte, die mit dem momentanen Leistungsniveau nicht zu verwirklichen sind, werden kurzerhand mit dem Schlagen künstlicher Griffe und dem Zementieren von Griffleisten begehbar gemacht. Eine solche »Kreativität« wird zum Widerspruch des Freiklettergedankens. Es ist die Kunst bei der Erstbegehung, egal in welchem Schwierigkeitsgrad, einen Routenverlauf zu finden, der nur von der natürlichen Struktur der Felsoberfläche bestimmt wird. Darin liegen die Herausforderung und die Ethik dieser Sportart. Die Zeit des Eroberungsalpinismus hat uns gezeigt, daß die Bewältigung einer Wand mit künstlichen Hilfsmitteln ein Weg in die Sackgasse ist. Aus diesem Grund hat man sich auf das Freiklettern zurückbesonnen, um eine Leistungssteigerung auf sportlichem Weg zu gewährleisten. Mit dem Schaffen künstlicher Griffe sind wir auf dem Weg zurück in die gleiche Sackgasse. Keine Wand ist mehr unmöglich, der Grundgedanke des Freikletterns ist in Frage gestellt.

Um seine Leistung immer wieder zu steigern, bedarf es eines Ziels. Die sportliche Leistungsfähigkeit muß an dieses Ziel angepaßt werden und nicht umgekehrt. Wir dürfen keine Routenprobleme zerstören, nur weil die momentane Leistungsfähigkeit nicht ausreicht.

Die Fairneß beim Freiklettern, auch gegenüber der Natur, liegt unter anderem darin, seine eigene Leistungsfähigkeit richtig einschätzen zu können und auch die Einsicht zu akzeptieren, einer Route nicht gewachsen zu sein.

Freiklettern als Wettkampfsport

Der Leistungsgedanke und indirekte Leistungsvergleich waren schon immer fest verbunden mit dem extremen Klettern. Ob Riccardo Cassin beim Wettlauf um die erste Begehung des Walkerpfeilers oder Reinhold Messner bei der Besteigung der 14 Achttausender, in beiden Fällen standen diese Unternehmen unter enormem Leistungsdruck, der vor allem von den Medien hineingetragen wurde.

Die Kreativität des Kletterers, das Verwirklichen seiner eigenen Ziele und das Kennenlernen seiner eigenen Grenzbereiche ohne den direkten Leistungsvergleich im Wettkampf wird von der breiten Masse nicht akzeptiert. Sie kann diese Leistungen in dieser Form nicht einstufen. Medien und Publikum brauchen die Uhr und das Maßband als Entscheidungskriterium. Früher waren die Kletterer für den Laien Spinner oder todesmutige

Der Wettkampf als neue Dimension des Freikletterns

Freiklettern als Wettkampfsport

Verrückte, die das Schicksal herausforderten. Heute, im Zuge der Freikletterwettkämpfe, sind es Hochleistungssportler, die das Interesse der Medien auf sich ziehen.

1985 fiel in Italien der Startschuß für eine neue Epoche im Klettersport. Clevere Organisatoren erkannten die Möglichkeit, in den Freikletterwettkämpfen ein gutes Geschäft zu machen. Der große Ansturm der Medienvertreter gab ihnen dabei recht.

Daß heute schon Freiklettern als olympische Disziplin gehandelt wird, läßt die gewaltigen Fortschritte der letzten Jahre erkennen.

Der Freikletterwettkampf ist zu einer neuen, bereits etablierten Disziplin geworden, die mit dem ursprünglichen Klettern kaum noch etwas zu tun hat. Doch die Tatsache, daß diese Sportart an künstlichen Wänden und in Turnhallen ausgetragen wird, zeigt den Weg auf, in welche Richtung sich diese Sportart entwickeln wird. In Frankreich hat man bereits damit begonnen, künstliche Kletterwände in Schulen und öffentlichen Sportanlagen zu errichten. Dies ist ein positiver Aspekt der Entwicklung, da nun auch Leute zum Klettern gehen können, die zu weit von einem natürlichen Klettergebiet entfernt wohnen. Es ist auch die einzige Möglichkeit, den Ansturm der Kletterer auf die natürlichen Gebiete abzufangen und somit die Ursprünglichkeit des Freiklettersports in ihnen zu erhalten.

Wer sich eine Chance bei den Kletterwettkämpfen ausrechnen will, muß sich speziell darauf vorbereiten. Es ist nicht mehr damit getan, nur an natürlichen Felsen zu trainieren, der Wettkampfkletterer muß überwiegend Erfahrungen an künstlichen Wänden sammeln. Darüber hinaus unterliegt der Freikletterwettkampf den Gesetzen des Wettkampfsports. Schon die Trainingsvorbereitungen müssen unbedingt auf die Wettkampftermine abgestimmt werden. Der Wettkampf stellt völlig neue Anforderungen an die Psyche des Teilnehmers, die wir, soweit uns dies sinnvoll erschien, auf die Bereiche Taktik und psychologisches Training übertragen haben.

Auch dadurch, so glauben wir, ist dieses Buch auf dem neuesten Stand, und wir hoffen, daß es zum Leitfaden für die Praxis jedes Freikletterers werden wird.